超级演讲术

克服恐惧心理，成为万众瞩目的说服高手
成功说话的 9 个简单、具体、实操秘诀
Scared Speechless

〔美〕史蒂夫·罗尔（Steve Rohr）
〔美〕雪莉·因佩利泽里（Shirley Impellizzeri）　著
李晓燕　译

WUHAN UNIVERSITY PRESS
武汉大学出版社

在任何场合，发表任何讲话，面对任何人，都适用的方法……
无论你是谁，都需要的一本书

/ 致谢 /

Acknowledgments

———————

本书的出版感谢大家的厚爱和支持。环球广播网络的托尼·斯威特（Tony Sweet）和安·沃克（Ann Walker）慷慨地为我们提供了节目平台，节目中我们能够探索心理理论与日常生活的交集，在讨论公共演讲的首要恐惧时萌生了出书的想法。同时还要特别感谢我们的广播节目制作团队：约翰·威廉姆斯（John Williams）、纳塔利娅·伦特里亚（Natalia Renteria）以及加布·哈德（Gabe Harder），是他们让我们梦想成真。还有大胆的玛丽莲·阿特拉斯（Marilyn Atlas）的经理，她从一开始就认准了这个项目，并把它交给代理商麦克·法里斯（Mike Farris），麦克之后找到 Career Press 联系本书的出版。

史蒂夫·罗尔（Steve Rohr）

要感谢他的高中演讲比赛导师米尔娜·沃森（Myrna Watson），米尔娜老师发现了他迷人的声线。因为动人的声音，史蒂夫连续两届赢得州赛冠军。他也永远感激读大学时的导师辛迪·拉尔森·卡斯尔顿（Cindy Larson-Casselton）博士和辛西娅·卡弗（Cynthia Carver）博士一直以来给予他的非凡指导。同时本书也是为了纪念已故的达里尔·柯尼希（Daryl Koenig），是他帮助史蒂夫成就了此生规模最大的演讲，同时也为他开启了演讲的大门。此外，作为助教，在克拉克·奥尔森（Clark Olson）博士的指导下，史蒂夫执教了亚利桑那州立大学的演讲团队，使他首次带领学生即能获得全国锦标赛冠军。另外，他还特别感谢克里斯·弗里曼（Chris Freeman）博士为他提出的良好建议，他们的友谊地久天长。最后，要感谢他的母亲洛伊丝·伯格多费（Lois Burgdorfer），她无私的爱和无限的鼓励总能化腐朽为神奇。

雪莉·因佩利泽里（Shirley Impellizzeri）博士

想感谢她早期的两位导师，卢旺达·卡茨曼·斯坦伯格（Lawanda Katzman-Staenberg）博士和保罗·艾布拉姆森（Paul Abramson）博士，是他们让她看到了自己身上的潜力。

她还永远感谢彼得·A.莱文(Peter A. Levine)博士和丹·西格尔(Dan Siegel)博士，是他们倾力教授了她关于大脑与身体连接的全部知识。

最后要特别感谢她的女儿小悉尼（Sydney），现在她比妈妈都要高，一直以来她的无畏和同情心都给妈妈带来惊喜；还有杰姬（Jackie），也一直给予妈妈鼓励和支持。

目录 Contents

引言 // Introduction _001

第一章
神经紧张 // You've Got Some Nerve _001

第二章
喂，你在跟我讲话吗？ // Hey, Are You Talking to Me? _021

第三章
意外：演讲与"你"无关 // Accident: Speech Has Nothing to do With You _035

第四章
讲故事 // Tell a Story _049

第五章
出风头 // Use What You Know to Steal the Show _069

第六章
像人类一样说话和行动 // Talk and Act Like Humans _087

第七章

演讲的七条"致命"错误 // The 7 Deadliest Speech Sins _107

第八章

探讨衣着 // Address the Dress _123

第九章

重置大脑习惯 // Rewire Your Routines _135

第十章

组合在一起 // Putting It All Together _149

第十一章

轻松讲话：演讲的七类小窍门 // Speak Easy: Tips for 7 Types of Speeches _177

附录：演讲剖析 // Appendix： Anatomy of a Speech _199

/ 引言 /
Introduction

在美国，什么是最让人感到害怕的事情？演讲，公共演讲！人们对登上演讲台的恐惧甚至超过了死亡。

没错，很多人宁愿选择死亡，也不愿意登上演讲台。大多数美国人都会不惜一切代价逃避登上演讲台。在学校里，耍着小聪明，或者运气足够好，躲开了种种登上演讲台的"不幸"；在工作中，要么是躲在别人的身后，要么是逃到卫生间里，顺利地逃过一劫。

你很了解自己！为了克服紧张，你想尽办法，诸如上课、参加研讨会、读书或者视频培训。结果使尽浑身解数，一切又回到原点。告诉你，其实你并不孤单。让我们来看看真正的原因。

第一，你被骗了。"神经紧张会彻底消失"，说这话的人肯定不了解大脑的运作机密。这种说法不仅不科学，还假想神经紧张是一件坏事。与此相反，神经紧张不仅很好，我们还要告诉大家在公共演讲时如何调节神经。

第二，和大多数人一样，你听信了神话。关于演讲，时下有些俏皮的说法（例如，想象观众只穿内衣）。这么诡异的想法简直会阻碍你发挥天赋，这样一来世上又少了一位优秀的演说家。想想"内衣观众"传递的信息："观众真可怕，得想办法逃走""无论怎样，我们不会表露真心"。其实，观众不是敌人，除了激烈的政治辩论，所有观众都渴望演讲者成功。知道原因后，你还会把观众当成对手吗？如果不能与观众建立真心连接，演讲注定会失败。

第三，不管你读的是什么，作者并不一定擅长公共演讲；演讲专家专注编写大学课本而缺少实际经验，靠编写大学课本就能获得一个大学演讲的专业学位？别做梦了！我们承认，书籍作者都是各自领域的翘楚，但不是公共演讲专家。有些人，商业背景很强，或者靠演讲谋生，他们也不是公共演讲的权威。自己能够发表演讲不代表可以指导别人。如果你要拔牙，肯定要找手术经验丰富的医生，公共演讲难道不也是这样吗？

另外，为什么办法都不奏效？因为落下了一个关键因素，即大脑如何运作。公共演讲时，大部分人急于摆脱神经紧张，甚至都懒得想为什么会紧张，这样才有了"内衣观众"的奇想。一位真正、自信、优秀的演讲者最重要的是了解行为背后的原因。《超级演讲术》一书在探讨演讲与心理交集的同时，还要告诉大家大脑的运作机密，帮助大家成为演说家。

在讨论我们的一档广播节目"心理与现实"后我们便萌生了写书的想法。我们发现，公共演讲心理学以及如何演讲的资料都不少，但两者的结合寥寥无几。节目播出后，听众也建议我们写书。想了想，就这么办！我们热爱自己的专业（交际与心理），倾尽毕生所学，致力于实际应用。我们会告诉你演讲为什么可怕，同时希望书中的知识助你一臂之力。

自夸一下：一年级时，史蒂夫给幼儿园小朋友做了第一次演讲，尽管小观众精神分散，反应冷淡，但他居然迷上了演讲。高中时，史蒂夫不仅赢得了两次演讲比赛冠军，更是拿到了康考迪亚学院（墨尔海德，缅因州）的奖学金。大学时，他多次赢得演讲比赛冠军，被评为美国大学生十佳演讲人。毕业时，史蒂夫发表了毕业演说，当时台下的院系人员、家长以及学生有 8000 人之多。全场起立，掌声持久，要知道这在学校百年历史上也是首次。几年后，在新奥尔良 Superdome（超级穹顶）体育场，他做主题演讲，再一次赢得全场三万八千名高中生起立鼓掌。史蒂夫拥有亚利桑那州立大学传媒与交际学硕士学位。同时，他还任教于四家社区大学的演讲交际课程，指导出数位国家演讲冠军。因为演讲成功，许多人还获得美国最负盛名的大学的奖学金。史蒂夫还曾在洛约拉马利蒙特大学和加州州立大学长滩分校教授公共关系课程。另外，他还为奥斯卡颁奖典礼演出做公关策划，同时创立了一家总部位于洛杉矶的娱乐公关公司。

人类行为好神奇！高中的一堂心理课竟让雪莉博士开始琢磨人们行为的不同与相似性，由此她大学选择了心理学专业。在加州大学洛杉矶分校获得心理学学士后，她继续完成了心理学博士的学习。在众多的研究领域中，雪莉最感兴趣的当属神经科学领域和大脑如何运作的机密。经过多年研究，雪莉终于搞懂了人类行为的意义。2012 年，在畅销的处女作中她分享了自己的故事。大脑如何工作？人们的行为方式为什么不同？如何改变对自己不奏效的行为方式？这些都是她在书中跟大家分享的内容。相信电视观众对雪莉博士并不陌生，她经常出现在诸如"医生"与"德鲁博士"等节目中并提出一系列心理学话题。

怎么样？紧张得说不出话？完全可以理解！是时候知道原因了！本书将彻底颠覆公共演讲的概念，深入浅出地揭开演讲的面纱。以全新方式来探究公共演讲，相信对你绝对奏效！准备好了吗？和我们一起迎接你生命中最精彩的演讲吧！

史蒂夫·罗尔，文学硕士

雪莉·因佩利泽里，哲学博士

加利福尼亚州，洛杉矶市

第一章

Chapter 1

You' ve Got Some Nerve

神经紧张

据大众调查，人们对公共演讲的恐惧超过了死亡。对普通人来说，这意味着如果要参加葬礼，宁愿自己躺在棺材里也不愿意去致悼词。

杰瑞·宋飞（Jerry Seinfeld）

本章重点

如何与恐惧交朋友（至少不是敌人）
大脑被设定恐惧程序

// 逃离演讲台（Stage Flight）//

公共演讲令大师回归凡人，好莱坞电影导演迈克尔·贝（Michael Bay）的故事便是很好的例子。贝拍摄的众多电影，包括变形金刚系列，全球票房累计收入近80亿美金。[1] 作为电影界的大腕，他的经历无人匹敌，即便如此，在2014年的拉斯维加斯电子展上，这位名导给台下的媒体做演示时却因为紧张逃离了演讲台。贝归咎于错误的讲词提示器，后来他在网站上写道："当时简直太尴尬了。"[2] 分享这个故事不是要责备贝，但至少说明即使是大腕，也无法抵御公共演讲的压力。事实上，不管是谁，来自哪里，公共演讲都令人恐惧。当然，准备演讲或演讲发挥对某些人来说可能比较容易，可并非人人生来能说会道，有效的公共演讲是一门学问。发挥演讲的潜能，会让生活更有趣。

---

[1] 迈克尔·贝（Michael Bay）是一位多产的故事片导演和制片人。他大手笔的动作电影《变形金刚》《珍珠港》以及《绝世天劫》让他广为人知。Box Office Mojo.com. IMDB.com, 2015. Web. 2015.10.

[2] 贝准备介绍出自三星的一款新的弧形屏幕。关于他的这次愚笨演讲的消息即刻登上了社交媒体、视频并被迅速传播。安德列·常，萨尔瓦多·罗德里格兹"2014年国际消费电子展现场：迈克尔·贝'尴尬'逃离演讲台". LATimes.com. 论坛出版公司，2014. Web, 2014.1.6.

职场专家说，强大的公共演讲技能会成为自己的职业优势。即便是信息技术人员或工程从业人员，有时也被要求做公共演示。[3] 如果主动提出来，对于少数能够在公众面前无畏讲话的人来说，晋升、奖金和领导岗位都会接踵而来。

　　显然，迈克尔·贝逃离演讲台的尴尬并不会影响他的导演生涯。但是，很可能，这会进一步加深他对公众演讲的恐惧，估计他今后都会远离演讲台。

　　话虽这么说，逃离演讲台的肯定不止贝一人。事实上，公共演讲是美国人最害怕的事情。[4] 我们整天谈论，但真正的问题是：为什么我们如此害怕演讲？

　　因为我们的大脑被设定了恐惧程序。

---

[3] 职业建议专栏作家杰伊·利德写到"对每个人来说，无论他从事什么职业，公共演讲都是很有价值的重要技能。" 杰伊·利德．"为什么公共演讲成为一项重要技能"．Computerworld.com. IDG 通讯，2011.Web.2011.4.8.

[4] 杰伊·英格拉哈姆．美国人的头号恐惧：公共演讲，极端与错误．WashingtonPost.com.纳什控股有限责任公司，2014. Web. 2014.10.

// 相对而言（Relatively Speaking）//

我们说三人成群，但对于祖先来说，面对一群饥饿的巨型袋鼠，他们要考虑的是如何逃脱成为袋鼠美味午餐的噩运。[5]

没错，食肉袋鼠曾经会捕食早期的人类。人类还要抵御食肉的土狼、蟒蛇、狮子、老虎和熊。天啊！由此看来以结伴成群的出行方式的确能降低被攻击的可能性。原以为自己上班路上危险重重，跟祖先比，简直就是小巫见大巫嘛！

大约 12000 年前，我们的远亲们居无定所，还要花费大量时间觅食。[6] 为了生存，他们必须三五成群结队出行。这样一来，有人寻找食物，有人留意危险。一群人作为出行单位显得极其重要。对个人来说，群体成员是自己唯一认识的人，所以当务之急要遵守群体规则，保持好自己的群体成员地位。一旦被群体驱逐，就会变成袋鼠的午餐。为了避免被驱逐的命运，成员遵守群体规范（不冒头），尊重等级制度（不站出来），与人和善相处（不显眼），这样就形成了一个模式。"脱颖而出"就要被排挤，之后就意味着被群体抛弃。

对了，一旦被抛弃，是绝对不可能换到别的群的。大脑进化告诉我们"陌生人很危险"。所以，群体以外的人都被视为威胁存在。如果你旅行，尤其是独自旅行时恰巧碰到另一群人，他们会高度怀疑你对他们来说是否危险。

问题来了，这跟你和演讲有什么关系呢？毕竟，结伴出行，艰难觅食，或是抵御野兽对你来说可能性都很小。然而，大脑的一部分却仍然认为你会遇到这样的情境。好吧，留待后面解释。在此之前，先来了解一下自己的小脑袋吧。

[5] 罗布·邓恩. 你害怕什么？剑齿虎，蛇还是食人袋鼠. Slate.com. Slate 集团，2012. Web. 2012.10.15.

[6] 早期人类是散居的捕猎者. 大约一万两千年前开始了农业革命，基于作物生产，把曾经流动的人变成固定的社会群体. 格雷姆·巴克. 史前的农业革命：为什么狩猎人变成了农民. (牛津：牛津大学出版社，2009)

// 从"头"开始（Head Start）//

大脑很多方面令人称奇，但竟然还藏着一个 3 亿年以来都没有真正进化的地方，或许可以叫它"原始大脑"。究竟有多原始？准备好，让我们一起来看看。我们的神经，以及它们的交流方式，跟地球上最古老的多器官生物水母相当。[7]水母已经在地球上存活了差不多 7 亿年，而第一只恐龙也仅仅出现在 2 亿多年前。[8]

原始大脑有着非凡关键的意义。坦率地说，它令我们存活。它是身体机能的控制中心：调节呼吸、心跳速率、体温、消化、代谢、再生和平衡。

原始大脑还是身体抵御外界入侵的"国防部"。意识到危险时，它帮助我们做好抵抗、逃离或者冻结（装死）的准备。

---

[7] 乔恩·汉密尔顿 . 原始部分，高度进化的大脑 . NPR.com. 全国公共广播电台，2010. Web. 2010.8.9
[8] 娜塔利·安吉尔 . 不只是细胞质与毒素 . NYTimes.com., 纽约时报，2011. Web. 2011.6.6

// 智囊团（Brain Trust）//

原始大脑检测到恐惧时会自动切换至抵抗、逃离或者冻结（装死）模式。高度警惕的同时，它还会与"思维"大脑断开连接。这其实是好事，尤其对于难以决断的人来说。想象一下，如果撞上一只老虎，大脑里的想法是不是会影响你继续前行？

"嗯，老虎是在注视我还是我身后那只令'虎'垂涎的羚羊？"

"等等，这是一只友善的老虎，还是上周吃掉全村人的那只凶猛的老虎？"

"哎呀，如果好好听听如何不被老虎吃掉的课程该多好。"

虽然遇上老虎时的恐慌极其罕见，但原始大脑对所有威胁（实际存在的或大脑假想的）一视同仁。换句话说，现代版的被老虎袭击只是披了不同的外衣罢了。例如，你是否曾经有过浪漫的暗恋对象？他（她）不知道你的存在，但你知道他（她）每周二下午三点在哪儿。对，就是这样的想象。如果在超市过道里意外碰见你的暗恋对象会如何？原始大脑告诉你急转身迅速逃离那里，但是思维大脑已奔向面包货架。至此，原始大脑开启了对你有利的模式，想想你连名字都忘了，怎么能对暗恋对象说一些很酷的话呢。这种场景下的威胁是什么——被抛弃——"如果我讲话很蠢，他/她会讨厌我一辈子！"

除了没有实现期待中的约会，这听起来也还不错，至少见到了暗恋对象，也成功逃离了可能的尴尬，可怎么想却始终觉得有一个缺憾。这就涉及原始大脑了，还记得它几亿年来都没有进化吗？大脑一直以来都没有产生什么新奇的想法，原始大脑的机制也一直运转良好，它也在保证人类生生不息。既然如此，又有什么可变化的呢？就让原始大脑一直这样懒下去好了。

这样讲听起来多少有些忘恩负义，毕竟原始大脑对人类的生存那么至关重要。这里请不要误会：对于生存，原始大脑确实贡献巨大。然而，对于不同程度的焦虑它却分辨不清：例如它无法区分被老虎追赶时的极度焦虑，以及诸如公共演讲、封闭的空间或者飞机上飞行时的轻微焦虑。

没错，原始大脑对"恐惧"实行一刀切。没有内部的"智囊团"帮它决定你是即将成为老虎的点心，还是即将在雪夜登上飞往匹兹堡、内心有些焦虑的旅行者。

飞行恐惧，是美国成年人最害怕的十件事情之一。[9]数字显示，对比所有其他的出行方式，尽管商业航空旅行有着压倒性的安全优势，[10]但由于恐惧，有些人一辈子都不会进行航空旅行。有人可能认为害怕飞行的人会担心飞机坠毁，好像挺有逻辑，是吗？意外的是很多心生恐惧的飞行者说，尽管他们知道这些令人满意的安全记录，但仍然害怕。这简直太奇怪了。研究社会恐惧的学者提出这也许跟生存有关，但不全是你预想的那样。一位心理学家近来在对飞行恐惧者进行心理疏导时发现，有三分之二的客户其实更害怕恐惧本身以及与其他乘客疏远，而并不是所谓的坠机。[11]换句话说，他们害怕被群体抛弃。

这样一来，恐惧极其复杂。原始大脑不仅要假设坠机的情景，还让神经紧张从而制造恐惧，由此而"鹤立鸡群"。老祖宗早就知道，"脱颖而出"一定会被群体抛弃。从某种意义上说，害怕被排斥，而不是可能发生的事故造成了恐惧者幻想中的死亡。

---

[9] 莉迪亚· De. 皮利什. 很多美国人怕飞行，飞机失事不是主因. Washington Post.com. 纳什控股有限责任公司，2014. Web. 2014.12.31.

[10] 商务飞行是美国最安全的出行方式。每十亿次乘客旅程大约有 0.07 人次死亡。每年发生的航空致死大约85%都是私人飞机。平均来说，每年有549人因飞行死亡，其中观光飞行占41%，商务旅行占24%，指令飞行占17%。礼顿·沃特·基利. "交通方式安全大观：汽车、飞机、火车、步行与骑行". Journalists Resources.org. 哈佛大学肯尼迪政府学院，肖文斯坦媒体、政治与公共政策中心，2014. Web. 2014.10.

[11] 芝加哥的心理学家戴维·卡博内尔针对害怕坐飞机的人开设了一家焦虑管理工作坊。他说："他们的害怕具有社会性的一面。我的客户们害怕他们看起来极度紧张，这样会让飞机里的每个人疏远自己。他们担心自己看起来非常奇怪。" 索菲亚·登布林. 心情骚乱：不要让飞行恐惧阻挡你的成功之路. Entrepreneur. com. 企业家传媒，2013. 2013.12.

// 公共威胁（Public Threat）//

已经了解了原始大脑的功能，以及最糟糕的情况，现在来看看大脑如何应对公共演讲。

站在众人面前做公共演讲，首先意味着从群体中"脱颖而出"。如此一来，原始大脑会给现代的我们发送危险信号。它大喊着："喂，傻帽，你干什么？你和这个愚蠢的演讲都会被群体抛弃。你找死吗？慢慢转过身去，赶紧跑！"等等，远不止这些。

我们还害怕陌生人。尽管某些方面防范陌生人或许对我们有利，可涉及公共演讲也许不然。环顾四周，我们被一张张陌生而严肃的脸包围着，原始大脑开始喊："喂，你不认识这些人，他们可能很危险，不要相信他们。还有，他们觉得你的西服很廉价。快跑！"你脑子里已经燃起了恐惧的烟花。之后呢？原始大脑全面开启生存模式。全身的生物信号被关闭，你瞬间觉得口干无法吞咽，头昏脑胀，满脸通红，手脚冰凉，手心湿润。在你最需要的时候，"思维"大脑却切断了联系。其实这些都是原始大脑引发的自然生理反应，我们称为"神经紧张"。不单单是你，我们在公共演讲时或多或少都会有这样的经历。当然，有些人管它叫紧张、心慌、忐忑、怯场或者焦虑，这些都说明，我们是普通人。

尽管恐惧生来就存在于原始大脑中，可公共演讲时，我们很少因为恐惧而把观众看成敌人，在后续的章节我们会进行解释。我们即将开启原始大脑，告诉你实际上它们多么希望你能成功。看招！原始大脑！

// 两者之间（In Be Twain）//

塞缪尔·克莱门斯（人们更熟知他的笔名马克·吐温）有句名言，"演讲者分两种：一种人会紧张，另一种人谎称自己不紧张。"[12] 换句话说，大家都会紧张。吐温本人职业生涯中一共做了1150多场公共演讲，他很清楚自己在讲什么。[13] 坦率说，如果有人说他可以"治愈"公共演讲者的神经紧张，那简直是痴人说梦。一家大型出版商2014年曾经发行过一本关于公共演讲的书，貌似说他们可以消除紧张。[14] 书名就叫"告别紧张"。这里请搞清楚，我们不可能消除所有的神经紧张。最令人诧异的是，这样的书名本身或许会降低读者的自信心。不信你看：假设作者有秘诀令人类20万年来的进化倒退，[15] 而且能使神经紧张永远消失，看完书后，读者还是不可避免地继续紧张。那谁是罪魁祸首？毕竟，这本书已经把告别紧张的秘诀和盘托出，如果不奏效的话，那肯定是读者的问题，这只能是唯一的结论。这种愚蠢的"销售"让读者挫败感十足。作者的确是想帮助大家，这值得我们拍手称赞，可假如一个厨师说你只要按照他的食谱做菜，就永远不会挨饿，可能吗？

为什么说这个呢？只是不想让大家误解，以为真的有治愈神经紧张的灵丹妙药或者认为紧张是件坏事。

---

[12] 广泛认为，这句话来自马克·吐温。韦斯曼. 公共演讲恐惧的另一个幽默看法. Forbes.com. 福布斯公司，2014. Web. 2014. 6.17.

[13] 芭芭娜·史密特. 名人马克·吐温的演讲、大众读物和讲座年代记. Twain Quotes.com. Web. 2015.10.28.

[14] 此书宣称作者有"克服公共演讲恐惧的有效办法，进而完成精力充沛的演讲"，同时还说他"解释了大脑如何处理信息"。作者拥有国际关系和法语学士学位，但无法证明他有任何心理学、医学或者是学术交流的凭据。Bill Hoogterp. 完美的演讲：告别紧张，随时随地在任何观众面前演讲. 纽约：麦格罗希尔国际出版公司，2014.

[15] 智人大约在20万年以前开始进化。地球上生命的历史. BBC.co.uk.，英国广播公司，2014. Web. 2014.10.

// 善待神经紧张（Make Nice with Your Nerves）//

神经紧张保证我们存活在世。因为有它，我们不会在高速公路中间野炊，也不会深夜在黑暗的峡谷里徘徊。为什么要急于摆脱它呢？既然如此，不要与神经紧张对抗，何不试试与它好好相处呢？是时候善待天性了。

再返回来看神经紧张时身体发生的状况。通常都是同样的症状（手心出汗，双腿颤抖，或者心烦意乱），这些真让人分心，对吗？你试图控制紧张的症状，甚至想过吃药控制。然而每次紧张时，例如面临公共演讲，它们还是会出现。这里停一下，想想看，你明明知道紧张的症状，也知道每次紧张时都会出现症状，可为什么每次出现时还那么惊讶？是这样：你本就知道自己在公众面前讲话时，手心会出汗，可实际发生时还是会心烦意乱。突然间，你把所有注意力都放在了湿润的手心。从现在起，你要开始期待"预料中的事情"可能随时发生。当真的紧张时，你预期并接受了这样的紧张，承认它们的原始作用，就能成功克服紧张。

// 迷茫（White Out）//

有人说尽管他们知道公共演讲时，神经紧张很自然，他们还是止不住担心演讲过程中会卡壳（头脑空白）。我们称这种现象为"迷茫"，即突然间被笼罩在一片迷雾之中，找不到前进的方向。下一章节，我们将谈到形象思维（想象）的力量以及积极的自我对话的重要性，这些都有助于避免"迷茫"的出现。一般来讲，还有一个解决办法就是靠大量的准备与练习，没什么比它们更管用了。公共演讲不能靠死记硬背，尤其是你希望演讲大放异彩就更不能死记了。如果你仍旧处在一片"迷茫"中，我们会点亮一盏灯指引你走出迷雾。

首先，不能让观众知道你处在迷茫中。演讲稿不是观众写的，他们当然不知道接下来要讲什么。这样一来，你会占据主动。

其次，站着别动。不要坐立不安，或者告诉观众你也不知道下面说什么。最重要的是，不要向观众道歉或者告诉他们你很紧张！观众并不知道你遇到了问题。虽然这些做起来很困难，但非常重要。

最后，想想接下来要说的话，不管说什么，都可以就此提问观众。如果情况允许，还可以给观众提出新的问题。提问题是吸引观众强有力的方法，同时还能给自己争取时间。为什么呢？面对问题时，观众都会进入"回答问题"的模式，他们开始思考问题，注意力会从演讲者身上挪开。这短暂的时间足够你喘口气，让观众慢慢思考问题，同时让你逐渐返回到正常的演讲状态。

例如：之前你正在讲一个故事，一位女士捡钱包上交后得到了意外的奖励。之后，你就断片了，此时可以问观众几个问题，比如：

"大家问问自己：你会奖励这位女士吗？我们不是都希望做正确的事情吗？"

"你是否捡到过有价值的东西并想过自己留下？"

"你是否曾经丢过东西但没有被送回来？"

"你觉得这位女士应该接受奖励吗？"

"从这个故事中可以学到什么？"

"这个故事反映了社会的哪些问题？"

"你们中多少人有过类似的经历？"

知道了吗？很多问题都可以把自己从迷茫中解救出来。这不仅仅可以争取时间，还能吸引观众，让他们认为这是演讲的一部分。

// 身体训练（Physical Education）//

公共演讲是体力运动，身体对思维的影响远多于你的想象。它集身体、精神和心灵活动于一体。运动员如果只想着冲击终点线却站在原地不动，那不是白日做梦吗？运动员都知道身心连接的重要性，他们利用身体优势取得最佳的运动成绩，同时还要避免受伤。身心连接对演讲者同样适用。

我们知道，公共演讲会引起各种生理变化。面对演讲的焦虑，原始大脑帮助我们进入战斗、逃离或冻结（装死）状态的同时肌肉会收缩。由于进化不完善，你需要适应这些变化。想想看，在台上僵硬地站立，肌肉收缩，下巴紧闭，怎么还能轻松地演讲？更别说身体还不断给大脑发送威胁信号。其他物理压力反应还包括：肌肉震颤、抽搐、呼吸困难、呼吸急促、心跳加快、胸口疼痛、头痛、恶心、呕吐、视力下降、口渴、饥饿、头昏、多汗、畏寒、乏力、昏厥和疲劳。[16]

真的紧张时有人却告诉你"放松，冷静下来！"管用吗？估计你只想给他一巴掌吧。好像你明明可以"放松"或"冷静"，你就是不做！难道人们真的认为，在紧张时，我们单单忘记了怎么放松吗？并没有那么简单！不能放松是因为大脑中存在焦虑，同时我们的身体已经进入战斗或逃跑状态，因此想"放松"才行不通。我们要帮助身体平复下来，之后它会告诉大脑，"我们没有危险了，可以放松一下。"伸展一下胳膊、腿，给神经更多空间，放松肌肉，让身体保持流畅、灵活。

让我们一起来了解一下神经系统学：迷走神经是第十条从大脑出发连接全身的脑神经，成为身心交流的"高速公路"。所以即将

---

[16] 压力反应的普遍特征和信号．Foh.dhhs.gov．美国卫生和公众服务部，2015. Web. 2015.10.30.

进行公共演讲时我们会紧张，面对无数次分手总会心碎。有趣的是对于公共演讲而言，大脑与身体之间的连接是不对等的，20% 的交流从大脑到身体，而 80% 的交流从身体到大脑。这也解释了让自己放松并不奏效的原因。迷走神经产生的反应还停留在神经本身，因为信息传递只有 20% 的强度。所以，即便告诉自己放轻松，可是心跳过快、呼吸变浅，身体却告诉你处在危险之中。这就好比把一个拨号上网的调制解调器接入了高速网络。

大脑科学研究告诉我们：改变身体姿势可以影响自我感觉。哈佛商学院的社会心理学家艾米·卡蒂（Amy Cuddy）研究发现："非语言表达支配我们的思想和感觉，身体改变想法。"[17] 她提出"姿势的力量"的言论，提出了有力、自信且成功的身体姿势：抬头、挺胸、双臂像拳王洛奇·巴尔博亚一样高高举起或者双拳像神奇女侠一样放于腰间。卡蒂建议大家在诸如面试、大型演讲、参加体育比赛之前都应该有 2 分钟的站姿练习。这种有力的站姿练习能够帮助大家演讲前摆脱紧张害怕，充满自信与力量。

请让身体发号施令。虽然伸展身体不能消除紧张，但它可以缓解身体僵硬，从而平复情绪；采用有力的站姿会告诉你"我会没事的"。这两种技巧会给大脑发送信息"我很放松，很自信"，这两种方法都是演讲成功的必要手段。

---

[17] 艾米·卡蒂. 身体语言决定了你是谁. TED.com. 在线视频剪辑. 幼苗基金 (6)，2012. 2012.6.

// 愚蠢至极的公共演讲建议，简直令人疯狂（The Stupidest Public Speaking Advice and Why It Makes Us Crazy）//

如果有人说演讲时"想象观众都不穿衣服"，这并不能证明提这个建议的人就是坏人，只是他的想法有些古怪。这个建议还有很多变种，有时是想象观众只穿内裤。不管怎样，估计没有什么比想象观众一丝不挂更令人分心了。先说到这里。

诚然，"衣着选择"的想法的确让你更自信。想象中只穿内衣或一丝不挂的观众，看起来真的没那么可怕。但这个建议会让你在情感上"疏远"听众。公共演讲是争取一群人的参与，而不是把观众推开，或者想象他们不穿衣服的样子——观众不应该以这样的方式参与。

另一个糟糕的建议是"看观众头顶"以此避免与任何人的目光接触。如果眼睛真是心灵的窗户，那提这个建议的人大概没有心灵。解释一下：人类互相注视，眼神接触能够建立连接和信任，眼睛通常可以传达很多信息。再简单不过了，如果你不看着观众，就失去了宝贵的交流工具。如果还想着避免与观众目光接触，先试试下面的小实验：

下次与朋友或家人见面时，不看他们的眼睛，往他们头顶上看。其他如往常一样，只是不要有直接的目光接触。过不了多久就会有人问："喂，伙计，你怎么了？！"因为跟别人说话时，盯着他们头顶看简直太奇怪了。公共演讲也是这样，只不过此时有更多的人想知道你在他们头顶发现了什么有趣的东西。

// 我会活下去（I Will Survive）//

本章我们了解到公共演讲从某种程度上来说就是大脑游戏。首先，由于进化，我们大脑被设定了恐惧程序。当受到威胁时，我们的原始大脑开始行动，帮助我们进入战斗、逃离或者冻结（装死）状态，这些会导致身体发生生理变化，经常被认为是神经紧张。所有这一切发生时，我们的"思维"大脑断开连接，因此我们不用浪费时间琢磨下一步要干什么，这种思考有时会付出生命的代价，所以紧张时大脑会一片空白。祖先还传承给我们另一件礼物——绝对不是胡扯。作为散居的原始人类，他们结伴出行并且逐渐被灌输了害怕被群体抛弃与害怕陌生人的思想。今天，在诸如害怕飞行与公共演讲的社交恐惧症中突显出来。从根本上说，都与生存相关。

了解害怕从何而来让我们清楚：（一）神经紧张是自然反应；（二）我们应该与神经合作而非对抗。一个简单的办法就是演讲之前先做热身运动。运动员做热身是为了做到最佳发挥的同时避免受伤。公共演讲也是体力活动，因此也要做热身。另外，认识到身体对大脑的影响比语言更大，演讲前对自己说"放轻松，你会没事的"并不会很奏效。相反，在演讲前，先做 2 分钟的站姿练习。最后，与大家分享了两个最糟糕的演讲窍门，建议演讲者不要再想着观众只穿内裤，这样太尴尬了；同时我们还建议演讲时看着观众眼睛而不是头顶。两个可怕的窍门破坏了公共演讲最基本的目的：与观众连接并分享重要的信息。

// 尝试并运用：期待意料中的事情
（Try and Apply：Expect the Expected）//

下次神经紧张时（一定会有），首先要承认它的存在，不要试图与原始大脑对抗，它并不智能，不能对诱惑、推理、争论或者眼泪做出反应。相反，告诉自己："没错，我的手心出汗，紧张的时候总会这样，没什么大惊小怪的。"

看起来很简单，实话实说，也没什么秘密可言。一旦承认神经紧张是自然的生理反应，并由它们自己完成进化的工作，也就开启了与神经合作的模式。突然间，你会觉得紧张不是什么头等大事，事实上，"思维大脑"已经返回，因为你开始"思考"了。

// 伸展身体（Stretch Out）//

神经紧张时，身体会僵硬，它会给大脑传递危险信号。你已经知道身体的"国防部"会做出怎样的反应，无非是战斗、逃离或者冻结（装死）。伸展身体使得神经分散开来从而获得更多的空间，之后身体会相应放松。

// 尝试站姿训练（Adopt a Power Stance）//

演讲前做 2 分钟的站姿训练，像拳王洛奇·巴尔博亚或者像神奇女侠一样站立。这两种姿势会告诉大脑：我们很自信，一切尽在掌控中，我们会非常成功！

关键点（Key Notes）

1. 期待意料中的事情：大脑把公共演讲设定为威胁，因此我们可以预期紧张的发生。这有助于降低恐惧，专注演讲。

2. 空白：如果大脑一片空白，可以提出反问，这不仅能够吸引观众，还能帮你争取时间回到正常的演讲状态。

3. 站姿训练：演讲前，做一个 2 分钟的英雄式站姿。身体会告诉大脑，没什么问题。

第二章

Chapter 2

Hey, Are You Talking to Me?

喂，你在跟我讲话吗？

按照心中所想来说话，才是真正的会说话。

约翰·福特（John Ford）

本章重点

屈服于消极的自我对话

自我讲话与演讲

// 自我对话（Talk Me Through It）//

无论承认与否，你总会自言自语。研究发现大部分人每四天内都会进行自我对话，还有很多人每小时都在自言自语。研究人员补充说自言自语并不是疯癫。事实上，自我对话可以帮助大家改善记忆，至少是暂时提高。想想看，你是否有过出了家门却忘记车钥匙放哪儿了？你一边找寻经常放钥匙的地方，还会翻看你老婆的首饰盒这种不寻常的地方，可能一边还跟自己嘟囔。实际上，如果你叨叨着"钥匙，钥匙，钥匙"，可能会更快找到——大声说出物体的名字可以加深你的记忆。[1]另一项近期的调查显示自我对话有助于学习新技能和达成目标。[2]反复说实际上可以帮助自学，但请不要以此为契机一天不停地唠叨自己做的事情——这样很烦人。不过我们想说，自己大声讲话时，听到的内容和处理信息的方式跟别人讲给你是类似的。这对公共演讲非常重要，马上你就知道了。

---

[1] 这项研究发现自我对话只会影响认知过程，帮助人们记起他们要找什么，通过一字一字的对照为人们提供帮助。加里·卢普言，丹尼尔·斯文利.自我对话影响视觉表现.实验心理学杂志季刊，65.6 (2012.6): 1068－1085.
[2] 作者总结说自我对话在运动时很有效，鼓励把它作为战略进行学习以提升运动成绩.安东尼斯·哈兹格鲁吉亚迪斯等人.自我对话与运动表现：荟萃分析.心理科学展望，6.4 (2011.7): 348－356.

// 巧妙利用心声（Use Your Inside Voice）//

有时你会听到脑子里另外一种声音，它会说："你不够聪明""你看起来很胖""你会把演讲搞砸，大家都觉得你蠢死了"，类似的内心对话听起来是不是很熟悉？事实上，我们时不时会有这种心声。它是我们内心的批评者，也叫自我批评。"担忧"是对压力和挑战的自然反应，然而自我批评夸张地扭曲了一切，令我们对现实失去判断，这不仅打击我们的自信心，有时还会造成情绪波动，甚至导致自我毁灭。[3] 顺便说一下，心声不是是非心，也不是道德指南。如何来区分？是非心指引我们做正确的事情；相反，自我批评却充满惩罚与破坏，对于克服困难和简化问题毫无益处。然而自我批评又很有说服力，让你相信自己真的很讨厌自己，它唯一的作用就是让你觉得糟糕透顶。可能演讲刚开始，它就开始喋喋不休。我们帮你赶走这个混蛋，不过首先，需要找到它从哪来以及为什么它有强大的破坏力。

---

[3] 心理学家罗伯特·费尔斯通和丽莎·费尔斯通研究他们称之为"关键的内在声音"，基于此话题发表了很多文章。罗伯特·W.费尔斯通等人.战胜你内在的声音:战胜消极想法的革命性计划,逃离虚拟限制的自由生活.加利福尼亚州,New Harbinger Publications，2012.5.

// 欺负人的心声：从何而来？
(The Bully Inside: Where Does It Come From) //

内心的批评家极度讨厌，它们从大脑内部而生，我们没办法堵上耳朵摒弃所有的侮辱和嘲笑，结果常常把事情搞得很糟糕。它从不说积极的事情，总让我们分心，让我们自我毁灭。为什么会有这种心声？等一下，还是与生存相关。回到原始大脑，它能够保护我们不被吃掉或者掉下悬崖。它的座右铭就是"宁愿安全，不愿冒险"。像所有欺负人的坏家伙一样，内心的批评家利用恐吓和迫害达到它的目的。它使尽浑身解数确保你不被长毛象咬伤。问题来了：长毛象4000年前就灭绝了。[4]然而，内心的批评家还认为当你开始演讲时，一群长毛象假装成观众坐在前面等待进攻，于是便开启了它的自然应对反应。

从第一章我们已经知道，面对公共演讲，原始大脑会觉察到威胁，因此触发它进入战斗、逃离或者冻结（装死）状态，内心的批评家会敲响这个警钟。它大喊："你会忘记所有的事情""大家会觉得你很蠢"，最终阻止你在公众面前讲话，它会利用所有讨厌的伎俩阻止你。它认为一旦你在公众面前演讲，就可能被人们排挤和抛弃，最糟糕的是被人攻击。因此，当然要尽量避免这种不愉快事情的发生。

关于此现象，一位叫里克·汉森的心理学家有篇文章写道："人一生可能会犯两类错误。有时他们臆想草丛里有一只老虎，其实没有；而草丛里真有一只准备扑食的老虎时，他们反而觉得没有。大

---

[4] 虽然学者认为长毛象在一万年以前就已经在世界上大部分地方消失，但一小部分仍然存活在北冰洋的弗兰格尔岛，直到公元前2000年才完全消亡。沙阿. 研究发现：猛犸象灭绝并非由于近亲繁殖. BBC.co.uk. 英国广播公司，2012. Web.2012. 3.23.

自然让我们犯一千次第一种错误就是为了避免再犯第二种错误。"[5]
现在能理解内心的批评家为何如此坚决，以至于刻薄和讨厌了吧？
它觉得是在拯救你的生命。

与内心批评家并行的还有一个外在批评家，就是自己。你是不是
经常大声说自己"傻瓜""愚蠢"或者"丑陋"？还记得自我对话对
学习新技能和达成目标的重要性吗？当负面情况出现时，自我对话也
有着同样的作用。所以，内心批评家打击我们的同时，我们也大声
羞辱自己，说自己其实就是一个失败者。由此也就不奇怪为什么很
多人都害怕公共演讲。

当然，你可以选择倾听批评家的声音，或者选择盖过它的声音。

---

[5] 里克·汉森. 为好消息醒来. 赫芬顿邮报, The Huffington Post.com，2013. 8.13.
Web. 2015. 10.2.

// 强化积极，消除消极
（Accentuate the Positive, Eliminate the Negative）//

首先，积极地自我对话胜过消极地自言自语。你马上面临一个重要的演讲，时间紧迫，需要果断采取应对措施。此时，请清理大脑内留存的垃圾（负面）话语。我们谁都不想听，估计你也一样。这似乎很困难，但我们必须这样做。你之前总习惯说消极的话，从现在开始讲错了立马停下来，开始大声纠正自己。在这紧急的时刻，不停地跟自己说怎么避免成为一个失败者，如何成就一场成功的演讲，这样的策略，相信你和我都会果断抛弃。

那个讨厌的内心批评家呢？随着演讲时间临近，它的声音越来越大。没错，它已经进入全面恐慌模式。它认为一群长毛象正准备攻击你，真是这样的话，它是不是应该对你大喊、恳求、诱骗甚至冒犯呢？它是不是应该尽它所能阻止你上台演讲以避免可能发生的危险呢？有人会无视这些内心批评家的声音，会采取主动措施，喊话回击。虽然它的声音会越来越大以致难以忍受，但我们就尖叫直到把它们赶走。相信我们，它们一定会溜走，这些家伙其实都是胆小鬼。

再来看下神经科学：过去20年有很多对大脑研究的重要发现，其中一个发现挺有趣，且与我们的话题相关。研究发现"老狗学不会新把戏／江山易改，本性难移"这句话其实是不对的。老狗完全可以学习新把戏，学习新把戏实际上是在对大脑重新布局。神经科学发现注意力集中在新事物时，大脑开始建立新的连接。[6]集中注意力对大脑的物理变化至关重要。越是有目的有意识地集中注意力，大

---

[6]哈佛医学实验室的一项研究发现——心智练习可以改变大脑的物理结构和功能．莎朗·贝格利．大脑：大脑如何重新布局自我．Time.com. 时代公司，2007. Web. 2007.1.19.

脑越能建立不同的连接，开始重新布局自己。移除旧的连接，建立新的连接。

　　一个小忠告（建议）：家里人听到你大声喊话可能以为你疯了，所以最好在只有你和内心批评家在场的时候再做练习。内心的批评家肯定还会回来，那就再把它喊走或者跟它做个交易。你可以说："听着，或许哪天我可以采纳你的建议，但真的不是今天，不是这次演讲，所以请你赶紧回去吧。"这其实是个善意的谎言，我们当然希望它一去不复返。你还可以感谢它保护你的安全，但事实上并没有那么多长毛象四处张望，告诉它你现在很好，谢谢，但真的不需要，谢谢它的帮忙。当然可以用任何多彩与夸张的语言。足够的练习加上集中注意力，这个老派的内心批评家也可以变成你的铁杆粉丝哦。

　　现在可以把语言付诸行动了。

// 说出它，制伏它（Name It to Tame It）//

生活中我们发现，如果过分关注焦虑，事情往往变得更糟。与此相反，脑科学家发现如果说出自己的感受，焦虑反而会消失。他们叫：说明制伏法。[7] 换句话说，感觉是流动的，来来去去；关键要停止与焦虑的斗争，正视自己内心的感受并说出来。例如，你说："哇，我的心跳加快，胸口紧张，对于明天的演讲我真的非常紧张。"你可能反而能够放轻松。说出自己的感受，你会平静下来，哪怕仅仅是一点点。这种情况下，平静一点也很重要。身体平静了，它会给大脑释放信号告诉它你不再危险，让它停止释放激素，就不会再让身体进入战斗、逃离或者冻结（装死）的状态。

另外，还有一种方法能够帮助你为应付重要演讲做好准备。我们之后会讲到演讲练习，这种不可思议的练习可以帮你大获成功。

---

[7] 以利沙·戈德斯坦 . 能命名，就能制伏：正念与心理治疗 . 心理中心 . 2014.1.6，Web. 2015.10.19.

// 想象如同真实发生（Imagery Is Just Like the Real Thing）//

还记得我们说过原始大脑不够聪明吗？有一个办法可以利用这项"优势"。原始大脑无法区分真实与想象，我们可没有捏造，真的是这样。不信你试试。假设你要开始一场公共演讲，注意你是否已经开始紧张？现在，假想演讲已经结束，而且非常成功并获得全场起立鼓掌，是不是感到自己平静下来了？这个办法就是演讲之前让大脑错误地以为演讲很成功以此平复自己紧张的情绪。

此外，研究表明，想象做一件事情与实际去做相比，会激发几乎同样的神经通路，这样可以简单地通过想象把事情做得更好。[8]换句话说，想象能够提高实际表现。这已经在运动员、音乐家和舞蹈家身上验证过，练习加想象的一组要比单纯练习的一组做得更好。

想象并非痴心妄想，而是具体的内心演练，与实际练习相结合，将会成为提高演讲水平的有力方法。

有人管它叫"想象法"，不管叫什么，关键是把自己期待发生的事情具体化。不用说，想象也需要正面积极的内容；如果内心批评家闯入，命令它离开，继续想象此生最精彩的演讲。有人会笼统地想"我要尽力做好"，但我们说的想象需要具体深入。想象的细节越多，场景越真实。我们推荐每天甚至真正演讲的前一刻都做这样的练习。

---

[8] A.J. 莱文 . 看见即相信：视觉的力量 . 今日心理学， 2009.12.3. Web. 2015.8.8

// 要说的话（Voices Carry）//

本章我们讨论了自我对话如何改善记忆、教给新技能以及协助我们达成目标。我们也想办法把内心批评家喊了出来，那个顽固的家伙还想着保护我们，否则我们必死无疑。理解这些有助于我们战胜演讲过程中的困难。

我们命令你停止讲述负面的垃圾话语，并且把内心的批评家赶走。集中注意力将帮助大脑建立新的连接，使内心的批评家安静下来，把敌人变成盟友。你还能使用"说明制伏法"。也就是说，大声说出内心的担忧，多少会让你情绪平复下来。最后，来想象一下演讲已经成功。事实证明，想象成功加上积极准备和身体练习能帮助你成为一位优秀的公共演讲者。

尝试和应用

// 与内心的批评家搏斗（Combat the Inner Critic）//

自我对话与自我批评有很大的区别。如何纠正自我批评这个不良习惯？从现在开始注意你如何与自己讲话。第一次听到负面的信息时，立即停下来并改换成积极的说法，即便你自己也不相信。这一天的其他时间，你可以随意地咒骂自己。当然，我们开玩笑呢。关键在于你第一次注意自己并且变换说法，就加固了自己的正面意识，之后再嘲笑自己就不合适了。要有意识有目的，记住，重点是集中注意力。你的注意点会改变大脑，改变你对自己的看法，改变与世界的互动。

// 集中注意制伏野兽（Noticing Tames the Beast）//

情绪犹如大海中的波涛，有时像海啸般凶猛，有时像涟漪般轻微。注意感觉、说出感觉有助于平复情绪。如果想到公共演讲就会心跳加速和内心紧张，很可能这是焦虑。承认紧张，但不做判断会帮助你恢复平静。如果没有平复下来，请带着好奇心留意自己的感觉，并且自问这种情绪是否正常。我们的身体里有一个断路器，很像家里的电子系统。情绪的强度会由强到弱直到慢慢恢复平静，神经紧张也是这样。来吧，挑战自己，耐心等待紧张情绪的离开，看看多久能回到原先平静的状态。

// 如何开始想象（How to Start Imagining）//

找一个安全的寂静的地方，坐在凳子上，把腿牢牢地放在地上。留意地面上的脚和椅子上的屁股。现在，开始注意呼吸，听听屋子里的声音，你听到了什么？闻到了什么？感觉到了什么？当觉得自己很平静时，开始假想从头到尾地做一次演讲。每隔一段时间，留意一下自己的感觉。感觉心跳是否加快了？如果是，再坐好，还是留意地面上的脚和椅子上的屁股。随着你恢复平静，再继续练习。练习过程中注意呼吸，尽量不要中途停止，即便需要调整坐好50次来完成这个从头到尾的演讲。

关键点（Key Notes）

1. 自我对话：大声说出来有助于学习新技能和帮助你记忆。

2. 把内心的批评家变成自己的铁杆粉丝：有意识有目的地集中注意力，可以帮助你把负面的想法转换成正面的想法。

3. 说出它，制伏它：不要害怕自己的情绪，调整情绪并大声说出自己的感觉，这些有助于平静下来。

4. 想象：想象有助于提高实际表现，因此假想做出平生最精彩的演讲会帮助你最终实现目标。

第三章

Chapter

3

Accident: Speech Has Nothing to do With You

意外：演讲与“你”无关

确保观众听完之后再结束自己的讲话。

多萝西·萨尔诺夫（Dorothy Sarnoff）

本章重点

为什么演讲总是以观众为中心

观众不是敌人

// 我们——观众（We the People）//

公共演讲不是关于"你"——演讲者的。听起来很震惊？但无疑是个大新闻。如果只与演讲者相关，那观众恐怕没有存在的必要。没有观众，也就无所谓"公共"演讲。换种方式来看看：演讲总要有原因的吧？大部分演讲应该不是告诉观众你有多么光彩夺目又聪明机灵，也许你同时具备这两种优点，但演讲是特定场合关于特定话题而非演讲者本身的讲话。这种角度转换立刻给你减压不少吧？所以摆脱头脑里消极的想法，不要心不在焉，眼下请把注意力放在观众的身上。

观众是鲜活的，不管是群体还是个人，他们都拥有梦想、情绪、烦恼、欲望、需求和期待。想想那两个糟糕的建议："假想观众没穿衣服"或者"看着观众头顶"以避免目光接触。第一章中我们就说过，这其实是鼓励你和观众保持距离，事实上，你应该尽力把观众调动起来，参与你的演讲。与观众分离，只剩下演讲者自己会加重你的忧虑，与此同时观众也没有得到应有的尊重。假想牧师布道时根本不看教堂里的人，而只关注后排亮红灯的"出口"标志，他看起来像很专注的样子或者要与人分享吗？你感觉如何？

既然需要与观众建立连接，从哪儿开始呢？首先要尽可能多地了解观众。

// 人口控制（Population Control）//

市场专家花大量时间研究人口统计学。基本来说，人口统计学是关于人口的量化特征，通常研究的人口统计变量包括：年龄、性别、家庭收入和种族。根据人口统计学，研究人员会计算出一组特定消费者对给定刺激所做出的反应，目标是确保任何产品、服务或者公司出售的创意满足消费者的需求和期望。

出于同样的尊重，与观众连接的最好方式就是想办法达到或者超过他们的预期。也就是说，像研究人员一样思考，计算出观众的人口统计特征。听起来好像有点难度，事实上，你每天或多或少都会这样做。例如，你会跟一起钓鱼的哥们和跟你奶奶说一样的话吗？应该不会，为什么呢？因为你了解自己的听众，为满足他们各自的预期量身定制了你的讲话风格。

虽然即将面对的观众群体可能更大，基本思路不变。了解观众的人口统计特征有助于你的准备和发挥。你会更清楚使用什么语言和语调，讲什么样的笑话，说话语速和声音如何把控，可以参考什么样的流行文化，甚至穿什么样的衣服。

// 演讲起源（On the Origin of Speeches）//

大家都比较自我（这里没有冒犯任何人的意思）。自我利益植根于我们需要生存的基本需求。"适者生存"听起来熟悉吗？赫伯特·斯宾塞读完查尔斯·达尔文的《物种起源》[1]一书后创造了这个词语。（个头）最大的和（品行）最坏的将在社会上生存下来。自我确实与生存有关！之前我们提到过了，记得吗？

自打青铜器时代起，我们对自我利益的追求就从来没有停止过。"相对"而言，我们祖先的平均寿命直到最近才能活过 50 岁。100 年前的美国，很少有男人平均活到 52 岁，女人曾达到过顶峰的 57 岁。[2]为了每天都活着，我们的祖先必须尽可能地以自我为中心，我们也继了这个特质。自我为中心的一个问题便是为了和别人连接，我需要做什么？记得吗？被排挤就意味着被群体抛弃。观众，无论从群体还是个人来讲，也是以自我为中心的。不管你如何看待观众，他们就想知道"（演讲）对我有什么好处"。换句话说，你如何满足我的需求和预期？

美国总统富兰克林·德拉诺·罗斯福可以说是 20 世纪最伟大的演说家。对于如何满足观众的需求和期待，他给出了一些中肯的建议：要真诚、简明、坚定。[3]罗斯福认为观众需要演讲者真实、热情、诚恳、坚定，同时他也了解观众的底线，他们不是为了满足演讲者个人需求而坐在台下的。

那观众的需求和期待是什么呢？

---

[1] A.R. 华莱士，写给达尔文·C·R 的信（1866.7.2）. Darwin Project.ac.uk，剑桥大学 .Web. 2015.10.30.

[2] 平均寿命 . CDC.gov. 美国疾病控制和预防中心，2015. Web. 2015.10.30.

[3] 罗斯福在公共演讲中把这条建议送给了儿子詹姆斯·罗斯福。保罗·L.索珀 . 公共演讲入门 . 牛津：牛津大学出版社，1963.

// 了解观众，说他们想听的话
（Know Your Audience and Speak Their Language）//

观众有大小不同的需求和期待，把观众看成团体时，可以明确两个大的需求和期待，分别是：

适应场合：演讲是否与场合相符？演讲者是否尊重相应的传统、仪式以及观众？

准备与发挥：有时，观众需要演讲者以最有效的方式启发、娱乐、安慰或者劝导他们。观众也是以自我为中心的，他们是为自己而不是演讲者坐在台下的。

然而，观众是由个体组成的，每个人都有自己的需求和期待。我们可以叫它个体需求和期待。它可以是生理的，比如需要上厕所，或者想着回家可以大吃一顿烤牛肉。同时它也是情绪化的，比如希望你当着众人的面或者避免当众认可他对公司的贡献。

之后，我们会指导你如何富有创意地写演讲稿，如何练习与记忆；最后，成就一篇适应特定场合的会话式的演讲稿。

// 迎合大众需求（Play in the Majors）//

迎合个体而损害大部分人的需求和期待是演讲发挥过程中常犯的一个错误，我们称之为招募观众。为了更好地了解这个概念，我们来看一下演讲者和观众连接的两种常见方法。

其中一类演讲者忽略了观众或者想象不靠谱的场景（例如观众都没穿衣服）。忽略观众会产生极其片面和尴尬的经历。这种情况下，演讲者通常非常古板僵化。假想你正在演讲，说到了机智幽默的地方，观众听后开怀大笑，结果你没有停下来，反而提高升调以盖过观众的笑声继续演讲，等到观众安静下来重新开始听演讲时，他们迷失了，不知道讲到了哪里，那你也没机会让观众欣赏到你的机智幽默。

另一方面，许多演讲者会注意观众的每一个动作、每一次发声，他们试图满足个体的需求和期待。换句话说，通过猜测观众的反应所传达的信息，他们试图招募个别观众喜欢他们。听起来很诱人，但会使你偏离之前的准备。我们并非建议你忽略观众通常的反馈，例如鼓掌、欢笑、叹息、点头、强烈的眼神接触、哭泣等，这些都代表观众参与或者理解了你的演讲。套用一句古语，"你可以在一定时间取悦某些人，或者一定时间取悦所有的人，但不能随时取悦所有的人"。[4] 因此我们提醒你不要过分依赖某些观众的身体或声音反馈给你的信息。

假定你已经完成了观众的人口统计任务，也针对大众需求准备好了演讲稿。一旦登上演讲台，请暂时忘记你的演讲内容，试着想想个体观众的需求，并做出相应的反应。

---

[4] 据说，亚伯拉罕·林肯 1858 年 9 月 2 日在伊利诺伊州的克林顿讲了类似的话，但史学家对此提出反驳。有人说这句话来自布里的和尚兼诗人约翰·利德盖特（1370—1451）。还有另外一些人声称马戏团老板 P·T·巴纳姆最早讲了这句话。

场景可能是这样：你正在演讲，台下一对年轻小夫妻看起来很不开心，可能因为你的演讲内容或者演讲方式不对，也许两者都不对。男士看起来很沮丧，女士显然已经出离愤怒。很明显，你要么做错事了，要么说错话了。肯定搞砸了！怎么办？突然间你忘词了。可是无论如何你也不可能知道一分钟之前发生的事情：男士的前女友给他发了一条短信息，导致两人目前正酝酿着一场大战。除非你是他前女友，否则他俩生气跟你一点关系也没有。可是你的反应好像这一切都是因你而起，结果，很明显演讲搞砸了。我们之前说过，个体的需求和期待有时是生理性的，如果有人头天晚上通宵熬夜的话，现在看起来就会昏昏欲睡。你怎么会知道谁现在肚子饿，谁要去厕所，谁数学不及格，谁身体不舒服，谁刚被炒鱿鱼，谁怀孕了，或者其他问题都可能会给你传递错误信息，让你误会或者做出错误的解读。

当然有时观众也会给出惊喜的反馈。此时你可尽情享受，但不要影响演讲。如果坐在前排的某位女士看起来非常友好，却忽然起身离开，你会怎么做？本来还指望她友善的微笑给你安慰，支撑你做完整个演讲呢。现在，你确信她非常厌恶这个演讲所以才起身离开。可是你并不知道她有过敏症，担心自己打喷嚏会让你分心？现在她正站在大厅里，倾听并享受你的演讲。

很显然，完全忽视观众不是一个好的选择，但聚焦个体观众的需求和期待，自动解读他们的行为简直就是自找麻烦。我们建议你留意正常观众的反应，以迎合大众为目标，尽量忘掉其他的个体需求。

// 与敌人讲话（Speaking With the Enemy）//

谈到公共演讲，观众会被自动设想成敌人，这是自然反应。毕竟，这个社会还要对各种事情进行评估与分级。事实上，我们也会评价他人。可公共演讲完全不是这么回事儿，评价接近于判死刑。没错，你假想观众是敌人，这种想法要归咎于原始大脑。此时它正努力说服你眼前这些陌生的脸孔很危险，如果你搞砸了，原本熟悉的人就会把你踢出群体。没有进化的原始大脑无法帮我们识别"现代"观众是站在演讲者一边的。没错，观众希望你表现出色。听起来简单而不真实，但事实如此，理由有三：

第一个原因是，我们都做过演讲，害怕搞砸的心情溢于言表。你是否曾经听过演讲，演讲者突然没了思路，不自在地在台上僵立着。房间里没人喘气，所有的观众都希望演讲者能够继续。老实说，如果不是政治演讲，没有人想看到演讲者失败。我们能感受到他的挣扎；当他返回正轨时，通常观众席中能听到如释重负的叹息声，贴心的鼓励声，紧张的笑声，有时甚至是掌声。为什么会有这些反应？因为观众可以想象演讲者在台上的尴尬与恐惧。

第二个原因再次与生存有关。你不想被观众避而远之或被观众讨厌，观众也一样。他们认为与演讲者连接，连接每一个原始大脑，能够增加他们生存的概率，他们相信聪慧的演讲者知道如何驱走逼近的老虎！他们觉得跟演讲者连接很安全，此时身为演讲者的你已被视为权威。

第三个原因又回到了对我有什么好处。观众来听演讲，是认为能够从中得到他们想要的某些东西，他们坐在台下是出于自己的意愿。如果是被迫坐在台下，有些人认为必须从演讲中受益。因此，即便是被迫来听演讲的人也希望能够和演讲者建立连接。与其被动无聊地坐着不如听听这个演讲。在此前提下，如果观众想参与，你也能调动他们参与进来，那就实现了双赢。如果观众没能参与进来或者他们的需求和期待没能得到满足，他们只会躁动不安。想想你曾经经历过的最糟糕的演讲，讲的是什么呢？估计你已经不记得了，因为演讲者太无聊，你不得不用笔猛戳自己来保持清醒。

现在再想想你此生听过的最精彩的演讲，演讲者和他传递的信息都很棒。演讲结束后，你整个人精神振奋，时间也好像过得飞快。

如果再听一次，你选哪个？肯定选精彩的。没人想让一个乏味的演讲者哄自己睡觉；观众也不会想："天啊，希望今天的演讲者无聊又无趣。"恰恰相反，观众与演讲者站在一边，他们支持你——只是因为他们不想一直拿笔戳自己的手。

// 连接 = 方向（Connection Equals Direction）//

观众希望你成功，了解这点有助于演讲者缓解压力和减少顾虑，使得你与他们的连接变得轻松易行，因为你知道他们想参与进来。演讲者只需找到与观众连接的方式——研究观众的人口统计特征就是一个正确的方向。如果演讲面向销售人员，他们要销售产品，他们性格比较外向，容易沟通。给他们打气的话，活泼互动风格的演讲会从一开始打开双赢的局面！如果颁奖或领奖，那漫漫长夜里幽默的演说词必不可少。如果展示新产品，大家都饶有兴致，那一定要充满热情。由于情绪会传染，因此解说越热情，他们越能感受得到。但是，不能过分夸张以至于失真。如果新产品实在勾不起你的兴趣，至少找一个你欣赏的地方投注热情，这样会带动整个产品展示，并与观众建立真正的连接。

尝试和应用

// 记住，演讲与"你"无关
（Remember, It Is Not About You）//

尽管演讲者对于一场演讲意义重大，但请记住公共演讲更多的关注点是演讲内容而非演讲者本身。想想上次听的演讲，如果不是名人演讲，你应该更专注于演讲所传达的信息。了解这点，有助于演讲者缓解压力，专注内容本身。

// 讲观众听得懂的语言（Speaking the Same Language）//

花点时间研究一下观众：

- 他们是谁？
- 他们为什么坐在这里？
- 他们想学到什么？
- 你如何更好地传达？

// 需求和期待（Needs and Expectations）//

演讲时，聚焦大部分观众的需求，不要满足个体的观众需求，不要对个体观众的行为做解读。

// 观众不是敌人（The Audience Is Not Your Adversary）//

记住：观众希望你成功。如果演讲者在台上挣扎，观众看起来会很不舒服也很尴尬。他们认为你是专家，也希望得到你的认可。如果你给他们带来娱乐享受，他们准保爱你！

关键点（Key Notes）

1. 演讲者是观众最不关心的：记住公共演讲不是讲你。比起演讲者，观众对演讲传达的信息更有兴趣。

2. 需求和期待：花点时间研究观众的统计学特征，能够帮助你量身定制演讲内容，以满足他们的需求和期待。

3. 着眼宏观：不要沉浸在个体观众的行为中，而应该聚焦整个房间的观众。

4. 观众不是敌人：他们希望你成功。他们认为你是权威，也希望你喜欢他们。

第四章

Chapter  **4** Tell a story

讲故事

做个有故事的人。

伊萨克·迪内森（Isak Dinesen）

本章重点

故事的神秘力量
如何讲好故事

// 故事是什么？（What's the Story?）//

讲故事可不是什么现代发明。人类在有文字记录的语言之前就在交换故事了。能够创造和分享故事是人类的一个真正的特征，历史上所有文明都有迹可循。讲故事的一个基本作用是帮助我们认识世界和自己生活的地方。讲故事帮助我们传承教育[1]、娱乐、保存历史、继承传统、展示联系、加固习俗，通过童话、寓言、谚语、神话、笑话甚至是童谣，我们能够了解一个社会的信仰体系。

另外，历史上许多故事，尽管文化背景和发生时期不同，却有相同的故事结构和文字叙述方式。已故美国学者约瑟夫·坎贝尔认为世界各地的所有故事都有相同的结构，他称之为"英雄之旅"。[2] 他提出了英雄旅途的几个步骤：英雄离开家乡、克服巨大挑战、英雄返回家乡，但此时英雄已拥有了特殊的智慧或能力。坎贝尔的作品影响了世界各地的艺术家和作家，包括星球大战大师级导演乔治·卢卡斯。[3]

---

[1] 格林兄弟"寻求平铺直叙最纯粹的形式，他们认识到了故事的教育价值"。威廉·哈勒.格林童话的价值.Waldorf.Library.org.华德福教育研究所，Web. 2014.11.14.

[2] 约瑟夫·坎贝尔.千面英雄诺瓦托.加利福尼亚州：新世界图书馆，2008.7.

[3] 美国大师：乔治·卢卡斯.在线视频，PBS.org.公共广播服务，1993.3

历史上的故事另一个让人着迷的地方就是相似的中心思想（故事中重复出现的物体或叙事的观点）会出现在世界各种不同的文化中，这也揭示了人类的同宗同源。[4] "大洪水"就是一个典型的例子。许多基督徒和犹太人可能听过《圣经》故事里的诺亚和他的方舟，[5] 而在世界其他信仰中，甚至《创世纪》一书记录诺亚的故事之前的几个世纪，人们就已经惊人地发现了类似的故事。如果你考虑在演讲中加入故事，这些知识尤为重要。它勾画出如何利用相同的中心思想产生共鸣，如何与观众有组织地建立连接。首先来看看，你的故事是什么？

---

[4] 伊桑·塔鲁尔. 诺亚之前：远比圣经古老的洪水神话. Time.com，时代公司，2014. Web. 2014.4.1.
[5] 诺亚的故事. 创世纪 6:9，Good News Bible（圣经翻译的一个版本）：现代英语圣经版本（纽约：美国圣经协会 1976）.

// 有故事的人生（A Storied Life）//

是否有人跟你提过可以把你的人生拍成电影或者真人秀？你可能有过荒唐、戏剧的冒险行为，而你并不觉得自己的生活那么令人兴奋。这样，不妨花时间再想想。日常生活的起落其实都是故事，只不过它们会伪装成取得胜利、采取行动或者招致灾难等情景。再仔细想想，你一定希望故事成为演讲的一个最有效的策略。为什么呢？首先人人生来就会讲故事，人们每天都用故事来思考和交流。事实上，个人的故事和八卦消息可能占我们对话的 65%。[6] 这也意味着观众都会竖起耳朵，集中注意力听你讲故事。

---

[6] 里奥·韦德瑞奇. 讲故事的科学：为什么讲故事是激活大脑最有力的方式. LifeHacker.com. 高客传媒，2012. Web. 2012.12.12.

// 智力特征（Intellectual Properties）//

演讲结束后很长一段时间里，相比"事实和数据"，观众可能对一个震撼人心的故事印象更深。并不仅仅是我们习惯讲故事和听故事，人类生来就会听故事。听到故事时，我们的大脑立刻开始连接自己的经历，搜寻智力资源库，这时大脑中的岛叶皮质闯进来，暗示我们来认同故事的情感因素。[7]这也意味着不管是拿来娱乐、获取信息或者进行劝诫，故事都直接吸引了我们的情感和同理心，因此往往更有效。[8]对演讲者来说，这无疑是个好消息，就好比要搬进电缆已经就绪的公寓，观众已然就绪，就等你启动开关。

---

[7] 乔纳森·高特肖.为什么故事讲述是最终武器.Co.Create，快速公司（Fast Company），2012.5.2 Web. 2015.7.2.

[8] 杰里米·许.讲故事的秘密：我们为什么喜欢好听的故事.Scientific American.com.自然出版集团，2008.Web.2008.9.8.

// 劣势者效应（The Underdog Effect）//

还有另外一个典型，科学证明它对所有观众都适用。这是一种心理现象，我们称之为劣势者效应，最著名的应该是大卫与歌利亚的故事。[9] 在塞缪尔的《圣经》书中记录了这个故事，讲述了体形巨大的庸俗战士歌利亚被体形小巧的大卫打败，而大卫后来成了犹大和以色列王。

令人惊讶的是，在劣势者效应中，我们根本不需要小巧的大卫获胜。我们可能喜欢获胜者，但我们更喜爱失败者。对于弱者，即便他们失败了，我们仍然支持他们。还记得几年前第一次听到巴特勒大学斗牛犬队吗？现如今，这个小小的印第安纳州学校男篮声誉卓著，可在 2010 年时却很少有人听说。那一年，斗牛犬队在美国大学体育协会锦标赛（NCAA Tournament）决赛对战强大的杜克大学，这被人们描述为体育界灰姑娘的故事。和杜克相比，巴特勒在各方面都黯然失色，然而在决赛场上巴特勒拼尽全力一决高下。比赛结束前，巴特勒错失了决胜的一击，最终杜克大学赢得冠军。然而并无大碍，弱势的巴特勒赢得了数以百万计的球迷和世界各地媒体的青睐，《纽约邮报》甚至称这次失败"欢欣鼓舞"。[10]

研究还表明超过 80% 的美国人愿意在各种场合下拥护弱势者，无论是体育、政治、娱乐、学术还是商业领域。[11] 这是怎么回事？我们有那么好吗？也许吧，学者说这也许是出于对公平和正义的尊

---

[9] 大卫与歌利亚. 塞缪尔 17: 1 - 58, Good News Bible（圣经翻译的一个版本）：现代英语圣经版本（纽约：美国圣经协会 1976）。

[10] 文章写道："杜克大学是今天比赛的冠军，但是巴特勒大学是现场的赢家。"莱恩·罗宾斯. 弱者的胜利——战败后的巴特勒. NYPost.com，新闻集团，2010. Web. 2010.4.7.

[11] 这篇访谈主要是讲圣迭戈大学的社会心理学专家纳达夫·戈德施米德博士、里士满大学心理学教授斯科特·T. 艾利森博士以及丹尼尔·恩贝，丹尼尔感慨他对弱者的支持。"游戏"RadioLab, 美国国家公共电台. 2011.8.23 广播。

重。对于弱者和强者，我们往往有着不同的评判标准，我们更倾向于积极地看待弱者：他们本身不具备公平的优势，需要克服更大的障碍。最后，我们都自视为弱者，都曾经挣扎过，或许都被欺负过，面对过艰难和挑战。还记得内心那个刻薄的批评家吗？人人都能想象面对巨人歌利亚的场景，内心的批评家会让我们望而却步，所以我们都为弱者加油。[12]

　　当然，劣势者效应不一定适用每场演讲，记下来将来总归能用。它是一个最有效叙述故事的办法，可以随时使用。好了，接下来看看如何把故事最恰当地运用在演讲中。

---

[12] 瑞安·尼米克.《弱者心理》性格优势. PsychCentral.com，2012.3.19 Web. 2015.10.29.

// 故事情节（Story Lines）//

为了确保观众获得演讲信息，有几个讲故事的方法可以使用。其中最流行最有效的方式就是类比，把流行的观念和观众比较生疏的观念做比较。前总统演讲撰稿人约翰·波拉克说道："最有效的类比，就是情感共鸣，利用熟悉阐明陌生。"[13] 类比的目的是展示两种不同想法的相通性，构建演讲者和观众的"速记语"。例如，"多米诺效应"就是一个广泛使用的有效类比。它是解释繁杂的连锁反应最简洁有效的方法。可以说，比起解释"一个事件引发的一系列事件"，观众对"多米诺骨牌"会产生更强的心理反应。

如果要说明物体的尺寸或者让观众体会一个大到抽象或无意义的数字，类比也非常有效。谈到尺寸，你应该听过用几个足球场来描述豪宅或者国家；在医学界，柑橘类水果很流行，例如"兽医从戈尔迪身上取出了柚子大小的肿瘤"。数字和数据，就像尺寸一样，也会因为太抽象而失去个人的相关性。如果演讲者认为观众可能会不了解，那可以把数字形象化。例如，可以把数字通过类比进行"翻译"："大约是这所大学学生人数的 5 倍"；或者"据统计，这意味着房间内近半数的人在 50 岁左右都会有一定程度的听力损伤"。

有些类比是"修辞格"，为了让观众更生动地了解，可以把两个不同的东西放在一起进行比较。例如，明喻是用"就像（like）"或者"像……一样（as）"连接起来的对比，通常两个事物之间有类似的特征。常用到的明喻有"像纽扣一样可爱""像同一个豌豆荚里的两颗豆子一模一样"。给观众介绍新技术、新科学或者其他复杂的信息时，这些修辞格特别有用，可以用观众熟知的东西做对比。

---

[13] 凯蒂·瓦尔德曼. 阳光，棒球和蚀刻素描：政客如何使用类比. Slate.com. Slate 集团，2014.9.23.Web. 2015.10.1.

例如，如果你的演讲关于细胞，你可能会说："一个细胞就像一个酒店；细胞核就像酒店经理，管理细胞内发生的一切。细胞膜就像酒店安保，查探周边的安全。"

与明喻类似，隐喻也有相同的基本功能，在隐喻中，一件事物的特征象征性的代替另一件。你是否说过"他像一缕清新的空气""她的房间就是个猪圈"或者"你是我生命里的阳光"，这些都是隐喻。通常，用隐喻就不用明喻，反之一样。并不是说不能这么做，除非你是语言大师或者像温斯顿·丘吉尔一样。这位已故英国首相在描述他第一次与美国总统富兰克林·罗斯福相遇时，同时使用了明喻和隐喻（先明喻，后隐喻）。丘吉尔说："见到罗斯福，就像开启人生的第一瓶香槟，了解他就如同品尝香槟。"[14]

另一个讲述故事的技巧是提供证明，是指与主题有直接关联的专家（例如科学家、教授或者顶级商务专家）或事件相关人的第一人称叙述。两种证明同样有效，但引用原因不同。引用专家的话来证明会增加话题的可信度；而引用作为目睹或经历第一手信息的相关人（例如癌症幸存者或者养母）的话会更有说服力，我们更能感同身受。如同类比，证明同样可以帮助观众了解庞大的数据或数字。例如需要说明 5000 万美国人是如何遭受神经障碍的折磨，虽然 5000 万这个数字很惊人，但并不能在观众的情感方面引起太大的波澜。如果举例说明一个正在与神经障碍作斗争的人，比如穆罕默德·阿里或者根本不出名的人呢？这样，与神经障碍抗争的患者的"证词"就能够让观众和数字建立起连接。过分抽象的数字当然无法引起观众的情绪共鸣。

奇闻轶事也是一种讲故事的方式。通常是演讲者生活中的小故

---

[14] 富兰克林·D.罗斯福.历史.美国教育电视网，Web. 2015.11.

事或者名人故事，这些故事可诙谐、可诗意、可尖锐、可严肃。下面这个故事讲述了演讲者如何习得自己的应变能力。

我们家每年夏天会去同一个度假胜地，我最早的记忆就是在游泳池边玩水。当时我不会游泳，就在泳池边溜达，爸爸坐在不远的地方。可是人太多太挤，于是我开始向泳池最深的方向走去。突然，脚一打滑，我掉进游泳池，开始慢慢下沉。奇怪的是我居然不害怕，脚一触底，我使劲儿扑腾到水面，呼吸一口气然后又沉下去了，如此往复，每次触底我都用脚猛踢一下池底后上浮。最后，爸爸潜下水把我托出游泳池。我永远不会忘记。

名人短故事通常总是很有趣。多年前，一位朋友给我讲了著名歌唱家杰西·诺曼的故事。

上午9点45分，圣安东尼奥会展中心，制作剧组正在收拾场地，国际歌剧明星杰西·诺曼15分钟后会进来为下午的一场专场演出进行排练。剧组人员之前与"天后"合作过，少数人知道她非常守信。大部分人认为她一定不会准时进来排练，更不用说下午的演出了。但是10点刚到，诺曼女士大步流星走进来，非常庄重，还带着舞台妆。你知道吗？几个小时以前，她刚结束一场歌剧演出，谢幕后，她带妆走出纽约的舞台。中途换了衣服之后，她急速奔赴机场连夜飞到圣安东尼奥。剧组人员了解之后，其中一位制作商非常感谢她能够按时排练。诺曼轻轻一笑，和蔼地说："我答应过你了。"

下一节，我们来看看演讲中怎么运用这些趣事。

// 开头讲故事（Heads and Tales）//

最好在演讲一开始就讲故事（尤其是有趣的或戏剧性的故事），以此吸引观众的注意。观众都喜欢故事，而且与故事有天生的连接，所以开始讲故事容易迅速自然地与观众建立连接。当然，如果需要，也可以在演讲中间点缀各种讲述故事的方式，例如类比、明喻、隐喻和证明。比如要把庞大的数字或数据具体化形象化，或者给观众介绍新信息。最后，演讲结尾也可以讲故事。如果结尾与开头讲同一个故事会起到首尾呼应的效果，当然不能讲完全一样的话，可以巧妙地谈及或者给故事画上圆满的句号。例如，演讲开始我们讲小时候差点溺水的亲身经历，结尾可以再用它来得出结论。

我永远忘不了那年夏天差点被淹死的事，那天我懂了三件事：第一，时刻靠近家人；第二，注意不要到水池最深的地方；第三，如果沉到池底，用脚着地使劲扑腾到水面。我知道大家都可以。

如果我们用杰西·诺曼的故事开头，那演讲可以这样结尾。

那天上午在圣安东尼奥，剧组和制作商期待'天后'的出现，当杰西·诺曼出现时，他们等到了。'天后'这个词目前被滥用了，你可以叫自己'天后'但其实未必是。看看'天后'真正的含义：它是指有名望的人，而不是自我定义的头衔，是努力挣来的。如果你想做真正的天后，那就行动起来，努力工作，成为专家，关键是要信守承诺。

// 警惕大话（Beware of Tall Tales）//

如果有一个关于你的谣言非常令人讨厌，你一定能深刻体会到故事对人造成的巨大伤害。如果公共演讲者不诚实，会给个人和职业发展带来严重的后果。作为初学者把吹牛当真理，那麻烦就大了，诚实是演讲者与观众的神圣契约。你可以犯错，但错误也必须真实。

当然，为了达到戏剧效果，你可以夸张、润色，或者是重新排列时间节点来打造一个引人入胜的故事。但请记住，在公共场合讲故事不同于休闲场合或私人的故事分享，公共场合赌注高，后果也更严重。

葛瑞格·摩顿森在他 2007 年的畅销书《三杯茶》[15] 中讲述了他在巴基斯坦登山时迷路，被当地人救起，之后一直悉心照料他恢复健康的故事。为了表达他的谢意，他答应搭救者要在当地修建一所学校。随着书的出版和后续的巡回演讲，他说服了成千上万的美国人（包括学生）捐出数以百万计美金给他的慈善机构，这些捐款帮助他兑现了自己的承诺，在中亚建成了上百所学校。但 2010 年，有人开始指控摩顿森，说他在《三杯茶》中的故事纯属编造，慈善机构只不过是他的"私人取款机"。不久，摩顿森的信誉开始崩塌，随后他交代《三杯茶》的故事是几年内数段旅途故事的合集，他还退还了慈善机构的 100 万美金善款。[16] 作为公共演讲者，摩顿森失去了极大的信誉，因为他打破了与观众的神圣契约。

---

[15] 葛瑞格·摩顿森. 故事的疑问. CBSNews.com. CBS 互动传媒，2011.4.19. Web. 2015.10.2.

[16] 马特·皮尔斯.《三杯茶》的作者葛瑞格·摩顿森必须为慈善捐款 100 万美金. 洛杉矶时报，2012.4.5.

// 一个故事 不同版本（Tales of Two Stories）//

讲故事是人类的特质，人们生来就会处理并记住各种故事。一般演讲可能会用一两个故事，这样的例子实在太多了。从哪儿开始呢？

很多新手演讲者倾向于讲述与演讲无关的故事，就因为他们知道那个故事或者觉得有趣。这简直是浪费时间，同时还有糊弄观众的风险。故事是为了支撑演讲内容，而不是转移观众注意力或者影响演讲。另外，新手演讲者无法辨别自己的哪些故事能够用在演讲中。通常我们建议讲弱势者的故事。还记得它的威力吗？因为生活中我们有时也自视为弱者（无名小卒），因此这类故事容易产生共鸣。我们让学生查德写下一个弱势者的故事，分享如下。

我15岁开始摔跤，第一次参加锦标赛时，没有我这个重量级的孩子，我便被胡乱塞到了更重一级的小组，小组里有7个16岁的男孩子，他们都比我高大。比赛还没开始，包括我的教练在内的每个人都认为我肯定会出局。确实比赛很艰难，那些孩子都比我重，但最终我打败了其中四个，获得第四名。

一个典型的弱势者故事。即使比赛还没开始，大家就一致认定查德会输。这个故事和弱势者相关联，我们能看到的主题有"战胜重重困难""人与人的对决"。随后，我们问查德被放在这个重量组取得第四名的感受，他说"好极了"。有意思吗？通常大多数人并不觉得第四名有什么值得骄傲的。假如查德要做一次演讲，主题是决心的重要性甚至是美国人痴迷的胜利，演讲中他可以用到这个故事，他可以这样讲。

这是我的第一次摔跤比赛，那时我15岁，我试着挪动，但对手16岁，而且比我重10磅。你知道吗？那天早上出场时没有和我一个重量级的孩子，所以我被胡乱分到这个对手人高马大的小组竞赛。我试着庄重严肃地努力比赛，但每个人都跟我说输了也不要过分失望。最后，8个孩子中，我位列第四。我们的社会，获胜被寄予了太多厚望，不拿第一，什么也不是。但是15岁的我要告诉你：多年前的那天下午，当我被压在那个16岁孩子下面时，我知道几秒后我就要输了，我笑得像个傻瓜，因为我尽力了。不管别人怎么想，事实是：如果尽力，第四名也可以像第一名一样伟大。

查德也能用别的方式在演讲中讲这个故事，可以强调不同的论点或者设定不同的基调，故事就是这么酷：它们可以解释生活中的很多真理。关于查德的故事，你能想到什么经验教训呢？

你有过类似的故事吗？即使跟查德的故事听起来不同，生活中你一定有觉得自己是弱势者的时候。那就记下来，不需要很长，但要有一些细节，诸如主角是谁、发生了什么事情、什么时间、在什么地方以及为什么会发生，等等。随后再想一些不同的方法来阐明观点、教训、道德或信仰。

另外，请重新想想自己生命中的重要时刻，然后把大概记录下来。一个迅速成长的演讲者，会保留一串故事，它们可以在各种场合使用，这无疑是明智之举。记住：一个故事可以有多种讲解方式！

// 总结（Having the Last Word）//

本章中我们提到讲故事是人类独有的特征。讲故事使我们能够认知世界，并且代代相传。人类生来能够处理和记住故事，讲故事可以成为公共演讲的一件利器，请在演讲中包含一到两个故事。故事可以放在演讲的开头，或者在中间阐述观点（尤其是庞大的数字）或者出现在结尾。如果在结尾的话，最好涉及开头出现的那个故事，以此产生简洁的整体效果。最重要的，请记住诚实是演讲者与观众的神圣契约，如果被打破，你的信誉和演讲内容就此失去意义。

尝试和应用

// 听故事（Listen to the Story）//

讲故事是人类的普遍特质。留意过你听了多少故事吗？可能多得超出你的想象。虽然还没尝试，其实你已经在不自觉地练习"撰写演讲稿"了。想想你听过朋友、家人、同事、邻居给你讲的故事，这样的例子不胜枚举，什么故事最能吸引你的注意力？

- 伟大时代的来临
- 永恒的爱
- 消失的爱
- 战胜重重困难
- 恶有恶报
- 家庭的重要

演讲前，思考以上的问题会给你开个好头。

// 组织故事的几点考虑 //

1. 故事要有开头、中间和结尾。听起来很简单，可这是开始叙述故事的自然结构。

2. 要有清晰的主角和有活力的角色，避免枯燥的角色。

3. 不需要按照时间顺序来组织故事。如果能带给观众更多惊喜，完全可以从结尾讲起，然后倒叙到开始。

4. 如果可能，尽量避免使自己成为"英雄"。提示：即使不是典型弱势者的故事，主角也应当是可爱的或者有趣的。

5. 需要给主角设定障碍，看主角能获得什么经验教训？

6. 使用生动的语言。

7. 记住写一个可以说的故事，而不是用来读的文章（第六章再阐述）。

8. 使用幽默或戏剧性来制造紧张气氛。有点自嘲式的幽默可以有效地帮助演讲者与观众建立连接，太多自嘲会适得其反。

9. 分享短故事。换句话说，故事要支持演讲的观点，而不是演讲的全部。

10. 要诚实和准确。重组故事有助于故事讲述，但要保证不打破你和观众的信誉契约。

11. 练习、练习，还是练习。讲故事时计算时间，给朋友或家人讲一下，之后让他们复述，如果他们讲不出来，你需要重组这个故事。记住：你知道这个故事，但别人不知道。根据观众需要，有的地方要多解释一些，有的地方则可以一句话带过。

关键点（Key Notes）

1. 我们生来就会讲故事，大脑天生能够找到任何故事的共性和相关主题。

2. 故事讲述并不随意：根据演讲需要，利用故事讲述的几种方式进行展开。

3. 默认的契约：观众期待诚实，你可以对事实展开阐述，但不要脱离真实。

第五章
Chapter **5**

Use What You Know to Steal the Show
出风头

人们可能不记得你说过什么，但会永远记住你说话时带给他们的感觉。

卡尔·W. 比克纳（Carl W. Buechner）

本章重点

自我概念在公共演讲中的作用

所见即所得

// 有标签的不只是服装（Labels Aren't Just for Clothes）//

在兄弟姐妹或朋友眼里，你是"漂亮的""害羞的""健硕的""聪明的"还是"有艺术范儿的"？根据群体和所处环境，很有可能拥有其中一种标签。它们从何而来？答案其实并不明显。从事体育运动不代表"健硕"，群体中沉默寡言也不代表"害羞"。事实上，某个特定标签会反映在特定的活动和行为上，代表你如何看待自己。什么意思呢？你看，如果你觉得自己健硕，可能会从事体育活动；而一旦你接受了"害羞"的标签，可能就不会在课堂或者会议上发言。

与内心标签相结合创立了一个自我概念，就是与周围人群和世界互动时，我们如何看待自己。现在可能无法想象如果没有这些标签会怎样，但标签也不是从一开始就有的。自我概念是后天形成的而非生来就有的。新生儿没有自我概念，直到 6 个月左右我们才意识到"自己"和周围的不同。纵观我们的童年，自我意识其实是由环境因素，主要是由他人塑造而成的。[1]

研究人员称：随着我们长大，自我概念主要从两方面成型：他

---

[1] 罗纳德·B. 阿德勒，劳伦斯·B. 罗森菲尔德. 人际沟通与自我互动：人际交往的过程（第 13 版）牛津，牛津大学出版社，2015, 72—73.

人的评价和社会对比。

首先，信任的人给予我们正面或负面反馈时，我们知道了自己是谁，擅长什么事情。这就是他人评价。当你还是孩子时，父母可能说你有音乐天赋，于是你就想学习声乐课程或者学习某种乐器。如今，你的自我概念说不定还有当时的"音乐天赋"。另一方面，通过与父母或其他长辈的互动，你对自己产生了负面或中性的想法。其他长辈或许说过你"笨拙"或"协调性差"，你一直被这类标签萦绕，最终放弃了从事体育运动。直到今天，你仍然认为体育运动简直就是人生很大的挑战；或者他们说你妹妹很有艺术天分，于是你就避免接触任何与艺术有关的事情。

我们工程专业有个学生叫曼迪，她非常聪明，也很健谈，一直很有自己的见解，可她的一次即兴演讲却令人惊讶。那天我们要求每位学生说一个谚语，解释它的意思，并举例说明生活中如何正确或错误地使用这个谚语。如预期一般，曼迪自信地站在台上顺利地演讲。可她的例子让我们大吃一惊。曼迪说这个谚语让她想起了自己的妈妈，她和妈妈一样都很愚蠢，同时曼迪还笑着说继父给她打电话时经常这么说她和妈妈。

曼迪一点都不蠢。有时候她只是有点糊涂和贪玩，但绝对不是愚蠢。研究发现聪明的女生偶尔会犯傻，因此面对犯傻的女生时，男生常常不以为然，并不觉得她们聪明或者是学习的竞争对手。但曼迪不一样，她的男朋友同样聪明机警，并且很享受有一个聪慧的女友。曼迪对他来说，才貌兼备，他实在是太走运了。而曼迪却接受了自己信任的继父对她"愚蠢"的称呼，因此影响了她看待自己的方式。

另一种自我概念成型是通过社会对比。每天都有超过 5000 条信息轰炸我们，其中有商业广告、网页广告、路标甚至电话。这时我们简直就像摇滚明星、时尚模特、职业运动员或者任何名人一样被人关注。言归正传，我们开始高估自己，认为自己远远强过朋友、同事甚至兄弟姐妹。成年人的自我膨胀并无大碍，而且很快就会过去；但童年时期，同伴之间的比较会一直伴随我们成长。无论是体育课的团体活动时，老师总是最后一个才挑自己；还是获得学校拼写比赛的第一名，这些都会影响未来的自我概念。

直到 30 岁，别人评价或是社会比较形成的自我概念，会深深植根在我们身上。即便别人给了不同的评价，或者发现之前的评价并不适合你，但固有的自我概念依然对你影响深刻。日后几乎很少有相反的情况，因为我们倾向于接近帮你证实固有自我概念的人。

那么，自我概念跟公共演讲有什么关系？自我概念无处不在，尤其在观众面前更突出。自我概念既有正面的，也有负面的。但在演讲时，负面标签蜂拥而至。"失败者"的标签很快遮盖了积极与自信的正面标签，某些中立的标签此时竟然也变成了障碍。例如，"害羞的人"在某些场合无关大碍，可在公共演讲时就离失败不远了。

花几分钟写下 10 个自我概念的标签，正反面各 5 个。身体特征、情绪状态，或者关键价值和角色（例如妈妈、工程师、女儿、看护者、儿子、老师、兄弟）都可以。要诚实，这 10 个标签只有你能看到。再来想想这些标签会在演讲中起什么作用。

大多数人包括你可能会非常关注负面标签，没关系。花时间好好看看这些负面标签如何影响演讲。再想想它们是怎么来的？是谁说你不应该、不可以或者不能够？哪些长辈或社会对比给你贴了这些限制标签？然后，回答两个问题：这些标签可耻吗？对于你真正想做的事情，它们是否构成了极大的阻力？这些失败者的标签会阻止我们做想做的事情，见想见的人，甚至放弃改变自己生活的好机会。大家都有同样的经历。现在，感觉如何？生气、沮丧、悲伤、迷茫甚至尴尬？不管感觉如何都没错。

　　好了，轻松一下吧。你是否想过这些失败者的标签或许一开始就不适合你？或者你的成长早就逾越了它们限定的范围？你小时候是个胖子吗？是否不管现在怎样瘦身，你内心始终住了个胖子呢？在学校里，因为是同性恋，你被欺负过吗？那种怨恨和耻辱是否还是挥之不去？再比如孩子堆里你个子最小，成年后是否还觉得自己"弱小"？不管哪种情况，我们相信大家都有这样的故事。现在的你应该摆脱内心的胖子、回应曾经的欺凌，高大威猛地站起来了。所有失败者的标签都是负面的，对公共演讲没有任何用处。因此，可以这么做：在所有失败者标签上划一条横线，请不要关注这些负面标签，把它们统统划掉。这样，你会意识到它们对你并无帮助，还很不真实，在生活中没立足之地，公共演讲时也应该甩在脑后。

　　继续！再来看正面标签，对于演讲，它们是"强大的动力"，是唯一起作用的标签。想想它们从哪里来？谁让你此生第一次尝到自信的滋味，鼓励你发挥才华，或者认可你的特殊能力？社会对比又如何影响了这些标签？所有的反思和怀念都感觉好极了。没错，就是这样。

　　抓住这5个强大的动力标签，牢记下来。每次怀疑自己时，就想想它们。如果蜘蛛侠不用超能力织网，神奇女侠也不用真相套索，那还有什么意义？你也一样。每个人都拥有被认可的优势。发挥优势作用的时候到了，接下来，还要给它们戴上合适的帽子。

// 帽子戏法（The Hat Trick）//

你是否曾经试图给人留下好印象？如第一次约会，工作面试。你如何处理当时的情况？你看起来非常不错或者乐于助人吗？穿着合体吗？怎样讲话的呢？当然，我们不需要总想着给别人留下好印象，但我们确实每天都在维护自己的公共形象，专家说是根据场合需要打造自己的形象。[2]也许你脾气暴躁，但工作时，即使是假装，也要微笑着招呼客户。同理，互动对象不同，自我形象也不尽相同。跟祖父母讲话时，你用的词语、音量和语速与招呼小伙伴时一样吗？不大可能吧。祖父母和小伙伴对你的看法和期待不同，因此你会表现出他们各自期待的样子。场合、对象不同，自己的形象也会不同，听起来有点精于算计，但其实很有必要，也再自然不过了。就像不同场合需要戴不同的帽子，否则看起来会很奇怪一样。如果警察戴厨师的帽子，看起来就怪怪的，而且也不安全；而教堂里的修女，如果戴着安全帽布道，好像也不是那么回事。

你一生中戴的帽子可能有上百顶，根据不同的场合变换自如。假想你正跟妹妹讲电话时老板来电话了，你让妹妹等一下，随后接起老板的电话。切换到老板这头时，你的声音变了吗？语言和职业气质呢？眨眼间你摘下兄弟姐妹的帽子，换上了员工的帽子。如果你同老板讲话和跟妹妹讲话一样，老板大概觉得电话那头可能不是你。事实上，你也不会这样。出于同样的尊重，换回妹妹电话时，你又戴上了兄弟姐妹的帽子，讲话休闲亲近。看吧，根本不用想，就这么自然。

公共演讲时，完全可以用"帽子戏法"来发挥优势，戴上那顶能给你带来最佳发挥的帽子。当然，我们也会选择诸如丑陋、无聊、

---

[2] 明确管理理论. 交际原理 RSS. Web. 2015.11.1.

乏善可陈、旁观者、自尊心卑微这样的帽子来戴。如果你是实习生、刚与女朋友分手、团队里的新成员、胆小的人、正面临信誉风险、别人的小兄弟，或者是校园里的学生，这些帽子都可以戴。但演讲时，请把这些帽子统统收起来，戴上那顶最自信的帽子。就像根据不同的场合和互动对象需要戴不同的帽子一样，演讲也需要选择合适的帽子。公共演讲时，理应戴诸如"主日学校的老师""艺术家"或者是"四分卫"这样的帽子。戴上"主日学校老师"的帽子展示出来的自我形象，显然要比令人沮丧的"刚和女朋友分手"的帽子令人尊敬得多。

　　如果你觉得这也算疯狂的话，那来听听罗布的故事。罗布是一位成功的活动策划者，世界 500 强企业都会雇他策划数百人甚至上千人的大型聚会。我们叫他交警，因为总能看见他站在人群中间，指挥数十人做许多事情。此时的罗布外向开朗，善于沟通，可以有条不紊地处理任何事情。如果我们说罗布其实很害羞，你肯定不信。事实上，在私人生活中，罗布有社交焦虑，他觉得和朋友参加音乐会或者任何规模的聚会都是噩梦。他从来不是群体的焦点，甚至寡言少语。很难想象，这会是各大企业争相追逐的行业策划专家。他解释说："工作时，我不会觉得害羞。作为组织者，我必须在那儿。可无事可做时，我不仅迷茫，而且浑身不自在。"这说明什么？如果需要，即便与本性不符，我们也能随时找到特定场合需要的那顶帽子，展示出应有的特性。

　　罗布的"交警"帽子赋予了他做事的能力，而私下里他绝对不会做。我们曾经见到过他在一个 VIP 晚宴上，给 100 位服务生和调酒师做过一个鼓舞士气的演讲。他知道戴上"交警"的帽子会有效地帮他甩掉不安和社交焦虑。相信对你同样有效。

　　想想戴上哪顶"帽子"最自信，把它们写下来。例如，戴上"妈妈"的帽子，你会成为家里的支柱。你是家庭顾问、啦啦队长、大家的靠山，财务主管、总司令、烹饪达人、感情修复专家和家庭调解员。当然最重要的是要好好养育和保护孩子。

很多父亲都很熟悉"少年棒球联合会教练"这项帽子，这项帽子无论好坏都让孩子们敬仰你依赖你，你也从来不让他们失望。你时刻记着自己是孩子的榜样，你的话对他们也管用。戴上"少年棒球联合会教练"的帽子，确实意味深刻。

这么多帽子中，让你最自信的是哪顶？或许有两三顶，公共演讲时，请把它们戴上。

但是，打造出来的"自我形象"并不能掩盖或者隐藏明显的生理特征，还有那些无法改变的性格特征，所以请面对并解决这些问题。

// 不好意思，你头发着火了
（Excuse Me, Your Hair Is on Fire）//

如果头发着火，你希望有人告诉你吗？当然了，恨不得别人赶紧告诉你。可如果头发着火了，马上还有一场大型演讲呢？你传递的信息一定没有任何意义，头顶的火苗会让你和观众分心，无法聚焦演讲。有个老套的说法：你的头发着火，烟却冒在别人眼里。场景似乎有点可笑，但我们想说：如果你觉得自己的某项生理特征（比如身高、体重、头发颜色、说话方式、运动能力）或个性异于他人，或许会让观众分心，那一定会这样。你会过度关注自我，无法与观众进行有效的信息分享。怎么办呢？最好在演讲的开始就尽量幽默地承认这些不同。听起来与直觉相反，演讲者为什么要突出这些阻碍呢？很简单，如果观众要注意你头顶的火苗，不如一开始就扑灭它。

我们曾经指导过一位名叫阿见的年轻人，他祖籍印度，母语是印度语，同时还精通英文，但他仍然担心自己的印度口音会让观众分心。我们没有建议他藏起不标准的美国音，而是让他特别注意自己的口音，和观众打完招呼后立马让大家留意他的口音。

演讲那天，阿见起身微笑，对台下的阿拉巴马州商人团介绍自己说："很明显，一听我说话，大家就知道我是土生土长的伯明翰人（阿拉巴马州的城市）。"暂停了一下，台下的观众开始欢笑和鼓掌。观众当时一定在想："这个家伙不是本地人。"阿见以幽默的方式承认并说出了大家的想法，让他们参与进来，准备听接下来的内容。原本被阿见看作减分的问题变成了他和观众互动的破冰船，口音也变成了他的优势。随后他讲了一个故事，告诉大家口音如何让他陷入一个尴尬和有趣的境地，台下操着独特南方口音的观众立马把自己带进了故事。阐述问题的方式多种多样，但这个故事里，阿见和观众都很好地了解了对方。

景（一个没有……的世界），之后把个体引入一个戏剧性的结局（在此生中），最后提出问题（它们为什么正在消亡？）翻译成"挑逗"的语言，进行眼神接触，对着观众微笑，随后顺利引出下一个话题。和观众保持良好的目光接触，用手势邀请他们参与进来，不要只停留在前排，四处走走，让每个人都能感觉到自己是演讲的一部分。

// 演讲充满激情，否则不如不做
（Do It with Passion, Or Not at All）//

想想你关心什么？什么让你怒火中烧、热血沸腾或者动力十足？是某个差劲的司机，还是种族主义？无论让你生气的是什么，你跟朋友或同事谈起来时，都劲头十足。你很生气，情绪由此自然流露，你想让他们理解你为何如此关注这个话题，因此通过手势、眼神接触、音量和音调变换让他们知道你的感受。同样，演讲者的热情程度决定了观众对演讲时刻关注还是置若罔闻。事实上，无论多么有趣的主题，如果缺乏热情，观众只会反应冷淡。没有热情，又怎么指望观众感兴趣呢？有时候，演讲者的主题枯燥乏味，但因为他投入了足够多的激情，也使得观众兴致勃勃。

如果讲述高科技信息或者观众不熟悉的话题，那么激情显得尤其重要。激情和自信很像，可以带我们走出理性的局限，说说心里话。确实，没有什么比自信更有吸引力更迷人的了。激情也是一种承诺，我们同样需要重视他人的承诺。许多人缺乏自信，因此对此十分珍视。

一位客户近期走访了意大利。返程时，她在咖啡店和朋友分享旅途的故事，这时一个陌生人走过来对她说："虽然我不知道你在讲什么，但说得如此激情澎湃，肯定是惊奇的事情。"说完他离开了。激情的力量大抵在此。即便你对别人的话题不一定感兴趣，单单倾听他们满怀激情的讲述也足以令人痴迷。讲话者的热情让你动容，让你关心。神经学家解释说是由于大脑里镜像神经元的存在，[4] 这些特殊的神经元可以让我们对他人的经历感同身受。

记住，演讲聚集的能量能够激活观众的镜像神经元，让他们精

---

[4] 马尔科·亚科波尼. 镜像众人：与人连接的新科学. 纽约：Farrar, Straus and Giroux 出版社，2008.

神振奋，对你的话题充满兴趣。

　　这就是为什么关心自己的话题非常重要的原因。如果事先已经制定好话题，你也要努力挖掘到自己的兴趣点。一个沉闷、枯燥、垂头丧气的演讲者简直就离死亡不远了。当然，有些话题本身会更容易让人有热情，但也需要演讲者从头到尾的渲染。好莱坞有个关于影后梅丽尔·斯特里普的趣事，是说大家可以饶有兴致地听她大声朗读通信录。听着好笑，可事实如此。她能够在电话本中找到充满创意的、刺激头脑的或者简单有趣的内容。这给我们启示：演讲要传递信息，但一定要充满激情，带有目的地去演讲。演讲者的激情程度会在别人的心中留下特殊的烙印。

// 重点总结（Scene Stealing）//

想要成为演讲界的梅丽尔·斯特里普，先把失败者的标签丢掉，聚焦积极正面的标签。是时候甩掉那些旧标签了，你已长大成人，需要自己决定你是谁，那些旧标签已经不再适用，用你真正的特征给自己贴标签。同时，演讲时，还要大胆戴上自信的帽子。自信会在很多方面帮助你：首先因为自信，你不必隐藏自己最明显的生理特征或者个性，而是突显它们，让它们成为你的优势；其次，面对自信。没有什么比自信更有吸引力、更迷人了。用自信来俘获观众。最后，不要忘记热情。你对自己的演讲主题越振奋，观众的参与度越高。别人认真听你讲话时，别提多兴奋了，突然间焦虑消失了，全身都散发着活泼生气。

尝试并应用
// 了解你的标签（Know Your Labels）//

写下 5 个失败者的标签然后打叉，再写下 5 个胜利者的标签后重点突出。公共演讲前再回看一下这些胜利者的标签，这会帮助你站在赢家的立场来完成演讲。

// 找到那顶糟糕的帽子（Find Your Bad-Ass Hat）//

写下一周之内戴过的"帽子"，哪项让你最自信？哪项让你感觉最糟糕？想象演讲练习之前戴上这顶帽子，你感觉如何？

// 挑逗秘籍（Flirting）//

想三个问题，以此挑起观众的兴趣，让他们继续听你的演讲。当你搞清楚以什么样的方式谈论自己的话题，可以引起观众的注意时，抛出一个问题，激发他们的兴趣，让他们继续往下听。

// 你的激情是什么？（What Are Your Passions?）//

写下你充满热情的 5 件事情。不知道？问问你自己：什么事情让你愤怒？什么令你热血沸腾？如果你有 100 万美元可以捐赠，你会捐给什么行业？你会把生命奉献给谁或者什么事情？这些问题有助于找到自己的热情所在。如果你被指定了一个话题，找到至少两个你真正关心的原因，设计演讲时加以考虑。

关键点（Key Notes）

1. 明确自己的标签，确保它不会成为公共演讲的障碍。如果妨碍演讲，请记住，这些标签不是生来就有的，是可以改变的。

2. 找到最自信的"帽子"，每次练习演讲时都戴上。

3. 如果有分心的事情，一开始就讲出来，这样就不再是问题。

4. 挑逗不是恋爱的专属：挑起观众对话题的兴趣，带领他们走进故事，让观众参与演讲。

5. 演讲时，找到至少一个令你充满热情的点，利用激情带动观众参与演讲。

第六章

Chapter **6**

Talk and Act Like Humans

像人类一样说话和行动

除了呼吸，什么都没有。

安东尼奥·波契亚（Antonia Porchia）

本章重点

追求完美是生理需求，却又了无生趣
英语专业学生是糟糕的演讲撰稿人

// 让身体说话（Let Your Body Talk）//

请不要总想着做一场完美的演讲，你认为的完美无非是按照预期传递给观众每一个词语，结束每一个手势之后都能暂停片刻，或者观众能在固定的位置或欢笑或庄重，或者像机器人一样行动。我们对完美的演讲从来没有兴趣。事实上，我们也不追求完美的演讲，而只推崇真正的演讲。机械的演讲枯燥无味、缺乏热情、工于心计。完美的演讲要求精确而非灵活。没有灵活性，就缺少了观众参与的空间，也不会有意外发生。没错，意外通常是惊喜发生的美丽瞬间。视觉艺术家说意外是他们探索和试验的神圣空间，一抹意外的色彩可能激发灵感，进而迸发出惊喜的想法。已故的英国画家弗朗西斯·培根曾经说过："所有画作都是意外之作。"他在头脑中预见影像，之后"创造出真实的画作"。培根深谙画图的技巧、构图和设计，但真正让他成为 20 世纪最伟大最令人振奋的艺术家，却是他的作品所反映出来的情感。[1]他懂得要完成真正伟大的作品，要相信艺术创作的过程，尤其是创作中的意外。像培根一样的绘画大师不以画作的数量取胜，当然好的演讲者也理应如此。

---

[1] 弗朗西斯·培根．Bio.com, A & E 电视网络．Web. 2015.11.1.

像培根一样，你需要了解公共演讲的基本构成（写作方式、发挥过程、练习方式），想象演讲的最终结果，当然也要了解过程会对最终结果造成一定的影响。执念于特定的想象必将扼杀创造力。相信演讲的过程，敞开胸怀接受愉悦的意外，意外会给演讲注入活力，激发情感共鸣，助你成就一场伟大的演讲。"任何事都有可能发生"，这很自然地吊起观众的胃口继续倾听演讲。

继续引入一个词——心流，积极心理学中叫区域。这个概念由米哈里·契克森米哈提出，用来描述一个人全身心投入某事的心理状态，非常专注，意识不到周围的其他事情，甚至包括自己的情绪。[2] 他认为，大家在进行内心驱动的大部分活动时都能达到心流的状态，也就是说，这些活动是你主动选择的。契克森米哈认为要达到这样的心流状态需要两个因素：挑战程度比较高，同时自己能胜任这项工作。阅读完本书，会帮助你满足所有的条件。读这本书，意味着你内心希望成为一位公共演讲者；迫于工作或外界压力（例如学校要求、工作压力、准备悼词、伴郎的祝酒词）不得不进行公共演讲的人，也存在部分内在动力；否则，你早就放弃了工作，或者对于不学习演讲技能带来的后果坦然接受。有人既有内在动力也有外部压力。对于演讲新手，挑战很多，但读完本书并且完成我们描述的所有练习，相信你会拥有娴熟的演讲技能。

现场戏剧表演是一个不错的"心流"的例子。许多剧场演员表示表演时会达到心流。"正在上演"的表演无与伦比，台下人群的热情令人兴奋，所有的一切都是即兴发生，演出不可能像预想的一样"完美"。无论演员多少次出演同一个角色，每场表演都很特别。没有可以完全复制的两场演出，也就是说观众在彼时彼地的体验独一无二。

---

[2] 米哈里·契克森米哈. 心流：最佳体验心理学. 纽约：Harper Perennial Modern Classics，2008

任何时候，演员在角色身上都能发现新的闪光点，我们也能随时亲眼看到戏剧的启示。有时，由于道具出现失误，演员也需要即兴演出，这些因素都给现场演出带来紧张的气氛。一场精彩的电影同时也充满这些紧张的气氛。但电影表演会被编排，节奏也会被精心设计，以选择适合观众的表演形式呈现出来。虽说电影制作是一种美妙的艺术形式，但却找不到"意外因素"。就像剧场演出一样，公共演讲总是充满潜在的意外因素，让事情捉摸不透。

还记得愉悦的意外吗？愉悦的意外指的不是外部条件的意外（physical ones），任何人都不希望辅助工具发生意外。既然发生了意外，就要愉快地接受。对于某个纠结很久的问题突然豁然开朗，也许你从来没发现自己的声音还可以如此有力，充满激情。这些神奇的发现令演讲更加真实。

不过可以理解，许多新手演讲者害怕发生意外，哪怕是令人开心的意外，他们怕把演讲"搞砸"。主要是因为他们过分关注意外本身，而不是下一步的行动，其实这才是更重要的。

// 大脑短路？继续（Go Ahead, Have a Brain Fart）//

一位学生说他最害怕演讲中途卡壳（大脑短路）。通过举手表决，我们询问其他同学是否也担心，结果全班举手。我们说，从来不会因为大脑短路给演讲减分。

坦率地讲，我们根本不关心演讲是否中断。作为教育者，更应该关注大脑短路后要怎么办，关心演讲者如何才能回到正轨上来。我们的底线是要求演讲者不能离开房间，应该也没人这么做。大多数学生大脑短路时，完全不记得我们的建议。我们说过要停止讲话，不用向观众道歉，同时努力回想最后说过的话。如果记起来，请使用反问或对观众提出其他问题。不久，他们就会回到正轨。

经验告诉我们，演讲结束后观众根本不记得中途的大脑短路。绝对不是开玩笑，其实他们更关注之后发生的事情。社会喜爱弱者，尤其是他（她）能努力克服逆境。因此不要过度关注摔倒，多想想摔倒后如何爬起来。

// 演讲稿是说的，不是读的
（Write Your Speech to Be Said, Not to Be Read）//

通常，演讲课程伊始，英语专业的学生都会比较艰难。你可能会奇怪，那用左脑思考的数学和科学专业的学生呢？他们做得很好。英语专业的学生自然了解演讲的基本框架，但问题出在撰写演讲稿上。什么？疯了吧？英语专业的人不会写稿？他们当然会写，但在学校里学习的是使用复杂的句型结构和华丽的辞藻——这对散文很适用，读者有足够的时间来吸收和理解文章的内容，还可以返回重读某些章节，对于不认识的词也可以查词典，读者更多关注阅读本身。但演讲稿不一样，观众是来"听"演讲的，必须用不同的方式来撰写。广播和电视里的新闻稿也是写来听的。广播公司认为，如果你正在看电视、在线听广播或者汽车广播，你一定同时还在做其他事情。例如，收听早间新闻时，还要给孩子做上学的准备，做早饭或者练习早操，或者在汽车里听新闻时还在导航上班路线。这些事情会分散听的注意力，而新闻或广播通常一遍就过去了，因此记者必须分享最相关的事实和细节。接下来几天花点时间认真听一下新闻，或许过去没太在意，很快你就能注意到广播式书写和书面文章以及在线文章的区别。一个区别就是前者依赖时间来传递信息，因此在电视或广播新闻快讯中总能找到更多的信息。另外，新闻稿撰者为了传达信息，每句话只表达一个"思想"，通常一句话只需要一个逗号。这些短句有两方面意义：第一，播报人可以很容易地大声朗读出来，繁杂的句子不仅朗读时间长，而且说起来很复杂。第二，这些短小简单的陈述能让听众更快地消化信息，而不需要一次性玩味一连串细节。

公共演讲和广播稿有很多相同的书写规则。为什么呢？如果你听人读过散文的话，一定很痛苦。因为散文书写不可能口语化，通常都是冗长的句子夹杂着大量复杂的单词。但凡有什么情感，主旨往往比较学术、毫无韵律和生机活力。不是说散文不好，只是不适用于公共演讲，因为散文从来都不适合于大声朗读。因此一篇可以说的演讲稿对于成就一场口语化、充满活力、令人信服的演讲至关重要。对于演讲新手，这种风格可能没那么自然，毕竟，这和我们多年来一直使用的书写方式不同。很幸运，我们关于演讲的准备办法能够轻松地帮你应对这种写作风格。

// 边写边说（Write out Loud）//

通常的做法是写好演讲稿后再练习，这样导致很多初学者把演讲稿写成了散文，等到上台，也只能"读"而不能"说"了。这时，唯一的办法就是重写。花费大量宝贵的"练习时间"来写稿，岂不是重复劳动？如果刚开始接触演讲，或者真心希望通过对话与观众建立连接，那么写作和练习要同时进行，我们叫"边写边说"。

首先写一个大纲，迅速记下脑子里闪过的任何念头或者完整的句子。之后，返回大纲，开始练习如何大声表达出你的意思，逐步完成句子结构。请特别留意大声读出来是什么样子的，是你希望的样子吗？某种特定的语速会放缓演讲节奏或者打破演讲状态吗？如何使演讲更具有会话性？还缺少什么？请关注演讲的过程，不要担心不完美。

新手往往希望自己写的东西听起来不错，当然，只要不造成观众的误解，没什么不妥。但是也请试着与观众交流自己的观点，而不只满足于听着不错。有时候，学生脑子里有基本的想法，却缺乏词汇，或者不知道如何组织语言，大脑乱成一团。这可真是难得够呛。

此时，我们会问他们具体想表达什么，之后他们会给出一个清晰简单的句子。例如，"哦，我想让观众不再喝瓶装水，因为它们会污染环境"或者"我想让他们知道，如果每天坚持练习 15 分钟，就能真正改善自己的健康状况"。当然，这些句子 99% 都可以用在演讲中。花样的句式也很好，但最重要的还是传达信息。

继续写，然后大声朗读，慢慢地，演讲稿开始成形。但记住，这个过程通常比较费时，需要多花些时间。写稿、休息、继续写、再大声朗读。随着时间的推移，你会惊奇地发现眼前的演讲稿听起来已经很棒了，你对马上到来的演讲也充满信心。

边写边说打破了常规的方法，保证了演讲的会话性。起初可能出于演讲稿的撰写需求，其实还有其他重要益处：我们发现大多数人用传统的方法先写稿再练习时，98%的时间都用来写作了，仅剩下2%的时间练习。这只会带来一场僵硬机械的演讲，令人沮丧继而认为自己是一个糟糕的演讲者。其实，这只是他练习得不够多。演讲不可能不练习，每当演讲结束，你坐下来一定会想无论之前练习了多少遍，要是能再多练几遍就好了。边写边说的方法系统地解决了练习少的问题，一边练习，一边不经意间就记住了写作的内容。所以，稿子一写完，基本上也都记下来了，至少记住了关键点。另外，你还会搞清楚如何使某些词语和短语发挥其最大的功效；同时也有了自己的节奏韵律和声音起伏。这应该是最轻松无压的记忆方式。稍后你可以继续花时间练习。

第二个好处是你很清楚自己在讲什么。由于需要大声说出来，这迫使你不得不仔细检查每一个词和短语。如果仅仅在脑子里过一遍的话，大脑会很轻易放过不认识的词语或者忽略整个段落。你是否有过读书时开始做白日梦，20分钟后发现读了一整章却不记得说了什么的经历？你居然把书读完了！这没什么可骄傲的。我们读了整本书（通常是小说或科幻类图书）却还不知道主角的名字怎么念？在脑子里说一遍就不会这样。

如果写完稿再练习，会增加额外的工作而减少练习时间。由于写作不需要发音，大脑遇到小细节时就自动过滤，跳过不会念的字或短语。边写边说迫使我们必须弄清楚怎么念不熟悉的字和名字，这样可以避免尴尬。如果一位演讲者被认可为专家，但他却念错了一个名字或是技术名词或是医学术语，相信他立马会名誉扫地。边写边读可以很快解决这个问题。

// 对我来说是新信息（It's News to Me）//

还记得上次经过快餐店的驾驶购物窗吗？你从窗口点餐，信息被传递给餐厅内的工作人员，然后再输入点餐系统，但很少能够顺利进行。就像小时候玩的"传话筒"游戏，一个清晰的信息传递给最后接收的人时往往变得无法分辨。然而窗口点餐仍然存在，虽然你不太了解窗口里的人在讲什么，但他们听到了你说的话。真正要搞清楚他们说的话会很复杂。

大部分快餐店要求员工做"建议性销售"，³ 通常这是促销新菜单和提升销售业绩的方法。比如我们虚构一个叫汉堡霸王的连锁快餐店也采用这种方法，根据集团要求，每个饭店都要求驾驶购物窗口的员工在顾客点餐前给他们推荐公司最新的汉堡。新品首次出售当天，经理告诉轮班员工说："我们正在推出一款新品，叫'面包上的蜜汁奇迹'，麻烦点餐时向顾客推荐。"这位员工此时正用心了解这款新汉堡，为了避免点餐时出错，她用笔记下来，准备随时翻看。她小心地说道："欢迎光临汉堡霸王，您要品尝一下今天新出的'面包上的蜜汁奇迹'吗？"顾客想想回答："当然，为什么不呢？"任务完成。下一位顾客也点了这款听起来很美味的汉堡。在她接班 20 分钟后，大家不再点这个新款"蜜汁奇迹"，事实上，在剩余当班的时间里，也没再卖出去一个。是因为汉堡听起来很糟糕吗？也许吧，但更确切的原因是点餐员已经能够熟练地推荐"蜜汁奇迹汉堡"了，她说得越来越快，也没有重点突出。因此，客户听到的就是"欢迎光临霸王，你要蜜奇堡吗？"点餐员没有意识到虽然她知道自己在讲什么，但对每位顾客来说是全新的信息。由于信息混乱，语速匆忙，顾客根本不知道她在说什么。

---

³ QSR 提示性销售的 10 条贴士 . QSRweb.com.2010.3.18. Web. 2015.11.1.

大多数来汉堡霸王的人，在到达驾驶窗口时就清楚自己要点什么，他们也懒得弄清窗口里的点餐员到底在说什么，这个场景在1400个汉堡霸王的窗口都发生过。结果呢？"蜜汁奇迹汉堡"促销看起来并不理想，集团决定下架。这些都是假设，或许有些极端，但你一定看到过。有多少次驾驶窗口的点餐员貌似在推销新菜品，但听着就像"蛋黄酱蘸卡普手机"让你不知所云。好吧，先来5个尝尝吧。

言归正传，一边写作一边大声朗读，能够更加熟悉新的短语和术语，让你更自信。请小心，不要因为熟悉破坏了演讲。通常，我们倾向于熟悉之后，语速加快，也没有重点突出。虽然你知道这些字和短语正确的念法和意思，但观众完全不了解，他们并没有和你一起花时间准备和练习。因此花点时间强调一下，说得慢一些，或者在这些新的词语前后适当停顿。否则，观众可能会错过，尤其是对于理解演讲内容至关重要时，他们会忽略你的声音。

// 黑体与重点突出的字词
（Boldface and Highlight Words）//

给观众介绍新词语和信息时，需要黑体突出对演讲至关重要的关键词，我们叫它"影响词语"，可以是一个数值词语、一个修饰词或者一个恰当的名字。数值词语包括数字（百万、亿、万亿）或者统计数字（90%，2/3）；修饰词类似于"可是""但是""然而""所以"等，这些都需要突出。恰当的名字是指人名和地名，为了醒目也要突出。这意味着演讲时要放缓节奏，重点强调，而不是一语带过。通常，它们能够增加话题的可信度。如果观众听到"依据哈佛大学的研究人员"一句，会觉得的确有意义；而听到"依佛学"之后，可能完全不懂你在说什么。

播音员和主持人都会使用影响词语，播报时也会重点突出，建议大家好好听一听。或许你没太在意，但正是因为这些影响词语，你才能快速抓住新闻大意。广播记者帮助听众理解新闻，你也应该帮助观众理解演讲。

// 让我们听到身体的声音
（Let Us Hear Your Body Talk）//

除了嘴巴，身体的其他部分也要参与演讲。人们用嘴说话，但身体的其他部分也会传递很多信息。事实上，专家说演讲中高达93%的情绪影响来自于非语言表达。[4]简单来说，行动往往比语言更有说服力。无论你是否意识到，在与别人互动时，我们都能通过行动来理解或者误解对方，这些能力与生俱来。

说到公共演讲，身体确实能够释放很多语言。新手由于不习惯公共演讲，常常会困惑不安。在一群人面前站着，好像身上照了一个硕大的聚光灯，人们时刻跟随你的一举一动，身体也会产生不同的反应：有人在台上僵硬地站着、行动死板，或者看起来烦躁不安，有人疯狂地踱步，也有人不停地变换站位，还有的人（尤其是女性），腿弯得像蝴蝶卷饼一样扭曲。怎么会这样？因为你不知道应该怎么做。

站在聚光灯下，有两种办法会让人舒服：第一，练习手垂在身体两侧，在房间前面站立，任何房间（包括卧室）都可以。虽然卧室里没有观众，但关键是要习惯双手垂在身体两侧站立的姿势。因为这样的站姿对你来说不太自然，演讲前，可以熟悉一下。男士们双脚分开，与肩同宽站立；女士可以把双脚靠拢一些，放松肩膀，偶尔稍微弯曲一下膝盖。如果你身体有残疾，我们也同样建议你上前来站在中间。尝试着"站"在那里坚持两分钟，但要小心。说实话，第一次确实很尴尬，可看起来并不奇怪，看着还很不错，甚至相当自然。真正不自然的是完全僵硬甚至是在房间里跑来跑去，就像蚂蚁钻进了裤子一样。僵在原地，会被认为非常害怕；躁动不安，会

---

[4] 杰夫·汤普森.非语言交际是数字游戏吗.今日心理学.2011.9.30. Web. 2015.11.1.

被认为紧张到不知道怎么办才好。不管哪种表现，观众都会觉得不舒服，会被这些身体信号分散注意力，进而完全不知道你在讲什么。练过几次之后，就不会觉得奇怪或愚蠢了吧？如果你在卧室里开始移动位置或走来走去，就在脚上放本书或者其他重物；如果又僵在原地了，请把书或重物拿掉。

第二种比较舒服的方式（至少看起来舒服一点）是移动身体，这里，我们指手势。有些人和家里人讲话都会打手势；而有些人认为，讲话时加入很大动作或很多手势很粗鄙。无论怎样，演讲中要努力适度加入一些手势，这样有助于突出观点；同时，观众也会觉得手势很有趣。那应该用什么手势？什么时间用呢？

我们的建议是：不要刻意规划。假设有三个论点，不需要有意识地去想："哎呀，我最好伸出三根手指。"观众还以为你在排练，身体会出卖你。记住：你是人，不是机器人。幸运的是，身体本身是一位优秀的沟通者，如果你清楚用什么手势，或者什么时候用，就向它寻求帮助好了。

想知道什么才是最合适的手势？不用张嘴进行演讲应该是一种最快最直接的办法。假设自己正在玩字谜游戏，只能通过手势和身体姿势交流内容，现在性命攸关，你不能说话，但必须把信息传递给观众或者一个濒临死亡的人。从头开始练习，尽己所能，直到你相信观众已经通过身体活动了解到你要传递的信息。你也可以找个朋友帮忙扮演观众。这个练习意义何在？这个练习说明即使没有声音，身体也能很好地交流（这里请留意，如果你自我意识很强，那就停下来，这个练习不会奏效），请把演讲交给身体语言，你会有惊人的发现。

用身体语言完成演讲之后，再试着用嘴大声说出来。演讲开始后，你不需要有任何特殊的动作，只需要身体和嘴巴一起表达，身体会在不知不觉中给出恰当的姿势。又担心了吗？不用！除了那些巨大的、粗暴的或者猜谜一样的动作，身体一定会向观众做出更好的姿势，以此加深和支持演讲内容。课堂上，我们随时都会做这个练习。刚开始，学生们总会看看我们是不是已经迷失了。练习结束后，学生们会一个个上台演讲，他们会感觉到身体不仅很放松，而且和演讲配合默契，至此他们已然完全明白了这个练习的意义。我们也再一次赢得了学生的信任。

// 甩开理智和冷静（Lose Your Cool）//

有人或许觉得这章内容有点怪。关于如何准备演讲，我们讲述了很多异于传统的方法，要求你从全新的角度看事情，而且要相信演讲的过程。阅读完本章，有人可能已经做了决定：绝对不会像个死人一样僵立在卧室中间；即使没有人看，也不会像傻子一样不张嘴靠身体姿势去演讲。好吧，你决定如此。可是你本来想要什么？如果是要做一名优秀的演讲者，那就甩开这些所谓的理性和冷静，让自己看起来傻一点，还要敢于冒险。听起来很多练习都很奇怪，但结果不可否认，你一定能成为更好的演讲者。

知道吗？你不会因为成为一位成功的公共演讲者而变得更自信，自信是当下由内而发的。我们说过"没有什么比自信更有吸引力迷人的了"，如果认真地运用这些技巧，你会有完全不同的表现，不只在观众面前。生活中你会为自己而活，即使可能会摔倒，也愿意跨出自己的心理舒适区。接下来你打算怎样？想好了吗？继续做胆小谨慎的演讲还是甩开冷静开始着手我们的练习？

尝试与应用

// 听起来如何？（How Does It Sound?）//

写完演讲稿大纲之后，开始往里填充句子，边写边大声念，同时给自己录音。录音不是要听听自己声音如何，而是当脱口而出才华横溢的句子时，不用停下来笔录。

// 大脑短路后恢复正常（Recouping After a Brain Fart）//

我们说过，演讲忘词很常见，如何迅速回到正轨才是成熟男人与男孩、成熟女人与女孩的区别。想一些与演讲相关的反问问题（参考第一章），任何时候都可以问观众，这会给你争取时间。我们发现为大脑短路做准备可以降低短路发生的概率。

// 需要黑体和突出的词语
（What Words Are You Going to Boldface and Highlight?）//

过一遍演讲，找到那些数值词语、修饰词和恰当的名字，然后重点突出。大声练习演讲同时强调这些词语，你注意到区别了吗？

// 不张嘴练习演讲（Practice Your Speech Without Words）//

找一些朋友过来玩个有趣的游戏，看看他们是否能猜出来你要说什么？像猜字游戏一样，对着他们用身体姿势练习演讲，问问他们你做了什么。然后注意自己的感觉，身体是否觉得轻松了一些，是否有点进入"心流"的状态了？

关键点（Key Notes）

1. 演讲不要追求完美：准备很重要，但演讲时灵活发挥才能带来成功。

2. 如果发生大脑短路，重要的是恢复，观众能记住的是你如何返回正轨而非短路的瞬间。

3. 边写边说：撰写演讲稿时，大声说出来，写一篇讲的而不是读的演讲稿。

4. 不玩传话筒游戏：把难读的字词重点突出再练习，记得要慢慢讲。

5. 影响词语：强调影响词语有助于突出它们，帮助观众理解演讲内容。

6. 行动往往比语言更有说服力：演讲时不要忘了身体语言，试着练习不张嘴演讲。

第七章

Chapter 7

The 7 Deadliest Speech Sins

演讲的七条"致命"错误

真诚、简明、坚定。

富兰克林·德兰诺·罗斯福（Franklin Delano Roosevelt）

本章重点

为什么总爱后退（退回旧的习惯、思维方法）

破坏演讲的七种方式和快速补救方法

// 为什么总爱后退（Why We Fall for Fallbacks）//

改变很痛苦，让人感觉很不舒服。尝试新事物往往比按习惯做事要付出更多努力与精力。你曾经在英国开过车吗（或者英国人尝试在美国开车），车辆需要行驶在街道的另一侧时，是否觉得压力很大，极不舒服？

我们重复做一件事情时，它会退出大脑的"思维部分"（前额叶皮层）继而储存在大脑深处（基底核），因为思维大脑很容易疲劳，特定时间内只能容纳有限的信息。如果浪费时间和精力去想已经习惯的事情，诸如穿衣、刷牙、梳头、做早餐或者开车，等工作时大脑已经疲劳了。固定的行为或习惯不需要耗费精力，也不需要我们费心琢磨，这样基底核就可以很好地工作，留出足够的精力来完成其他的事情。[1]

脑神经科学家还发现大脑中其他阻碍改变的因素，他们称为"靠近""剔除"理论，回报（靠近）最大化、威胁（剔除）最小化是我们行为的最大动力。[2] 坦率讲，要是相反的理论成立，简直不可思议，

---

[1] 大卫·洛克，杰弗里·施瓦茨."领导力的脑神经科学"商业战略.普华永道，2006.5.30.Web.2015.10.7.

[2] 依云·戈登.综合神经科学：汇集生物学、心理学以及临床模型的人类大脑.阿姆斯特丹：哈伍德学术出版社，2000

那样的话我们就无所不为，毫不畏惧，本书也就毫无必要存在了。然而，面对威胁我们仍能动力十足，也够奇怪的。除此之外，大脑还能判断预期发生和正在发生的细微差别，任何与预期相左的信息都会给大脑威胁探测器发射信号，以保持高度警惕，由此造成紧张，导致行事更加冲动化、情绪化。对于大脑来说，习得行为与习惯才是预期发生的事情，即使改变不适应的习惯也会告诉大脑发生了错误，从而触发威胁探测器。

大多数人都有不好的习惯，包括诸如"嗯""就像""我是指""你知道吗"这类的词句。日常生活中，我们也有自己的习惯用语——填充词。大部分语言都出于习惯，包括填充词在内，甚至我们都没有注意到自己用了这些词。有人一句话竟用了 20 个"嗯"，然而他自己却没有发现。一旦意识到，或许他们早停下来了。请不要在演讲中使用这些词语。没错，公共演讲具有会话性，但属于高层次的对话，因此语言上也要有所体现。这些不良习惯和填充词可能会疏远观众，因此发现和遏制它们显得非常重要。观众期望演讲者都是专家，而专家不会说类似于"嗯""就像""我是指""你知道吗"这样的话。如何能在演讲中摒弃这些词？不在日常生活中使用就是一个不错的办法。当然，起初会比较费力，可它们不再出现时，或者你还没注意到，别人就已经发现了。本章将帮助你发现几个演讲常见的致命错误，随后提供更多工具，让你重新练习讲话。

// "致命"错误之一：猎手填充词
(Deadly Speech Sin #1: Killer Fillers) //

"这是你做事的方式"（"T'aint What You Do"）写的是爵士音乐家梅尔文·赛·奥利弗和詹姆斯·楚米·洋的故事，这是一首录制于 1939 年的流行歌曲。我们把它当成一个不错的演讲建议。有时候，"怎么说"比"说什么"更重要。如果有人演讲中说一连串"嗯"，本来他 / 她可能想表达重要的或有趣的事情，可这样的分享方式（例如说一千次"嗯"）阻碍了他 / 她的表达。演讲卡壳有时又叫不流利，绝大多数是因为填充词——不仅对句子意义没有太大的贡献，而且也不能给我们充足的时间考虑接下来要讲的事情。最常用的填充词包括"你知道""东西""就像""嗯""呃"等。虽然不经意间说出了填充词，但讲得太多会让观众质疑演讲者的专业性、权威性，或者说信誉。你知道吗？目前关于填充词的使用原因仍有一些争论。语言学教授马克·利伯曼对于填充词的实际使用，还有明确的性别之分：他发现男性说"嗯"的概率比女性高 25%，女性说"呃"的概率比男性高 23%。[3]

你会用哪个？不确定？没关系，我们都有办法应对，稍后马上讲。不过，目前先把注意力集中在隔离整句的话语标记语上（verbal segregate），或许你并没有意识到自己正在使用。

---

[3] 罗伯特·西格尔，梅丽莎·布洛克，马克·利伯曼 . 嗯与呃——看看我们说些什么以及谁在说话的线索 . 美国国家公共电台 .2014.8.12. Web.2015.9.1

// "致命"错误之二："我是说"
(Deadly Speech Sin #2: A Mean Case of "I Mean") //

估计没有比"我是说"更没有意义的口头禅了。"我是说"这句话是为了纠正刚刚说过的话或者补充额外的信息。但人们说得太频繁了，我们在哪里都能听到。其实，这是一种完全不恰当的说话方式，否则，那些聪明机警的人一定张嘴就来。不妨听听访谈、讲座或者对话，数数一句话之前人们会用几次这个口头语，老实讲，也许你会大吃一惊。公共演讲者最好恰当使用或者干脆不用。这个可怕的口头习惯告诉听众，演讲者可能不知道自己接下来要讲什么，这简直太糟糕了。

假设你很热衷"填充词"，总要说"我是说""呃"或者"嗯"，怎么办呢？简单的办法就是不要再说了。如果填充词已然成为你的讲话方式，可能还真不太容易改变。好吧，来看看我们的快速补救法。第一，留意自己通常的讲话方式，同时也留意别人怎么讲话。第二，发现使用填充词时，停下来纠正，通常可以用暂停代替。此时，沉默是金。做演讲练习时，请录音。说实话，这或许是最糟糕的办法，但演讲初学者必须经历。通常你总会说："什么，我听起来是这样的？"起初肯定很痛苦，可要完善语调和姿势，首先必须知道自己听起来怎样。之后的技巧练习，我们会再次提醒。请记住：集中精力是你的金奖券，留心自己如何讲话，专注每个词语。当你发现填充词在脑子里打转时，刻意地选择不讲。有了较强的针对性，有助于消除演讲中的填充词，让演讲更顺畅。

// "致命" 错误之三： 升调话语
（Deadly Speech Sin #3: Uptalk）//

陈述句以问号结尾曾经被嘲笑是"山谷女孩"口音，现在美国30岁以下的年轻人已经不这样讲话了。它是指在句子结尾拔高升调，在美国也被称为用升调说话。广泛认为这种语调最早出现在洛杉矶圣费尔南多山谷地区，之后就像口头病毒一样通过流行音乐、电视、电影传播到其他地区，随后又融入了人们的日常生活。[4]

升调话语的问题出在哪里？首先，不是所有的事情都构成问题，不要一张嘴就是问句。第二，这样的说话方式无趣且累赘。坦白说，句子结尾没有下降语调是一种懒惰。第三，这给观众传递了一个强烈的消极信息，反问问题，让观众回答"是"与"不是"，每句话都需要别人确认，你如何能够建立信誉呢？这种讲话方式可能会让你丢失工作或错过一次大的晋升。研究发现老板一般不喜欢用升调讲话的人，认为这等同于缺乏自信和智慧。[5]如果公司高管用升调讲话，很有可能他／她不能站在权威的角度清晰地指出业务的发展方向。假设一位销售经理给团队布置销售目标时用升调说："我们的季度销售目标需要提高 25%？"她想让团队提高业绩还是不想呢？她把一个陈述句说成问句，不经意就损失了在团队的信誉。

公共演讲者需要时刻流露自信，而不是让观众认可你说的每一句话。

---

[4] 关于句尾用升调讲话的实际起源有一些争议，但研究者认为南加州、澳大利亚以及新西兰是可能性最大的三个地方。升调讲话势不可当．BBC 新闻，英国广播公司，2014.8.11. Web. 2015.10.1.

[5] 英国出版商．培生集团对 700 位经理做了调研，超过一半的人说结尾用升调讲话会阻碍他们的前途，85% 的人说这代表"明显地缺乏安全感"。想要晋升？不要像澳洲人一样讲话：结尾用升调让你听起来没有安全感．联合报业，2014.1.13 Web. 2015.11.1.

// "致命"错误之四：演讲台与蝴蝶卷饼腿
（Deadly Speech Sin #4:Podiums and Pretzel Legs）//

我们都喜欢站在演讲台或躲在其他东西后面，这样可以把自己跟疯狂的人群隔开。即便知道观众不是敌人，某种程度上我们还是认定站在演讲台后面能避免潜在的伤害。

喜欢演讲台的另一个原因就是，演讲时不知道腿放哪里。站立本来不是问题，可一提到演讲，站姿就变成了巨大的挑战。

有几个快速补救措施可以参考：男士最好双脚站立，与肩同宽，身体重量均衡分布，稍微屈膝。膝盖不能僵住，因为这样会阻碍血液循环，可能导致晕倒在地。女性双腿分开，脚踝间相距 5~7 英寸，这是最舒服的姿势。然而，我们发现，很多年轻女性保持这个姿势还没几分钟，就会把一条腿绕到另一条腿上，身体卷得像蝴蝶卷饼，或者跟太阳剧团杂剧演出的姿势一般。双腿交叉站立的原因无非就是不知道如何正确站立，还有老生常谈的紧张，但这传递出的信息是你缺乏自信和权威——这两者往往是演讲最需要的。

如果发现自己陷入了蝴蝶卷饼的困境或者想四处溜达，做练习时试试在脚上放重物，没有开玩笑，书和背包就可以，任何把脚固定在原地的东西都可以。

脚跟站稳后，就可以练习走路。没错，很多人演讲时也不记得怎么走路。如果想左右走动，确保先抬外侧的腿。例如，想往左走，就先抬左腿，这样走路看起来比较流畅，同时也不会离观众太远。

最后，尽量少用演讲台。如果依赖演讲台，万一某场演讲没有演讲台怎么办？估计不能自己背着演讲台到处演说吧？学会了不用，即使没有演讲台也能自如地演讲。

// "致命"错误之五： 糟糕的语速
（Deadly Speech Sin #5: Speed Kills）//

神经紧张会导致大多数人语速加快，不恰当的语速可能会毁掉一场精彩的演讲。一旦观众跟不上节奏就会主动放弃。而使用平常的语速，讲话又磕磕绊绊，杂乱笨拙，口头语频发。如果你本身说话快，但演讲刚开始说话慢的话，大部分人还是能跟上节奏的，就像坐地铁一样，只要上了车，地铁开多快都不是问题，可如果地铁一直保持每小时55公里的速度行驶，估计人们根本就上不了车。同理，观众一旦上了"演讲的车"，就一定能跟上节奏，但也要给他们留出坐下的时间。

怎么做呢？请看快速补救措施，我们叫"锤子把戏"。用锤子钉过东西吗？比如说钉钉子，刚开始落锤并不快。你会仔细观察锤子和钉子之间的距离，开始慢慢地敲几锤，以此确保钉子被钉进去，而不是钉到你大拇指上。记住：演讲开始时保持缓慢的语速，让观众轻松跟上你的节奏。

// "致命"错误之六：你觉得对吗？
（Deadly Speech Sin #6: "Does That Make Sense?"）//

句子结尾加一句"你觉得对吗？"让人听起来不太可靠。排除必须加的情况，如果只是为了吸引观众，我们不建议使用，因为这样反而会失去观众。观众来听演讲，结果演讲者竟然懒得练习，根本不能保证演讲内容合理有意义，简直是浪费时间！练习时，可以让朋友听听，看演讲内容是否合理有意义。还有更好更有效的方式来搞清楚观众是否听懂了自己的演讲。他们的身体语言、眼神接触、偶尔的点头（轻微的上下点头表达"我明白了"，而不是缓慢的，下巴沉到胸口的快要睡着的点头）都会给你线索。如果你平时也这样说，赶紧把它丢掉！

// "致命"错误之七：大理石嘴巴 / 语言障碍（Deadly Speech Sin #7: Marble Mouth Mayhem）//

　　说话含糊不清，听起来像吃了满嘴的大理石？说话时别人常常让你重复一遍？估计你患上了"大理石嘴巴 / 语言障碍"。或许你的家人或密友说话时也把词语都混杂在一起。但无论怎样，演讲时都要大声清晰地讲话，如果全程含糊不清，还有什么意义？观众会丢掉太多有价值的信息。别害怕，只要一分钟，我们神奇的补救措施就能治愈你的语言障碍。下次有人问："你嘴里的大理石不见了？"你可以笑笑说："对呀，人人都知道。"

// 靠谱的热身练习
（"Straight From the Horse's Mouth" Warm-Up）//

事不宜迟，马上送上一分钟有效法，很靠谱哟。每天练习，或者演讲时使用。

需要什么：一支干净的笔；这本书；全身心的投入。

第一步：

大声阅读"大理石嘴巴 / 语言障碍"这一节，尽力读出每一个字。

第二步：

读完，嘴巴里水平放一支干净的笔，就像马嚼子一样，夹在上下牙齿之间，往后推，不舒服了就停下来，现在上下嘴唇不会轻易碰到。再大声朗读一遍"大理石嘴巴 / 语言障碍"那段，尽力读出每一个字，让别人听懂。笔放在嘴里讲话很不容易，但请不要放弃，拿出笔来暂停一下。听起来有点奇怪，可只有全身心投入才会有效。

第三步：

读完把笔拿出来，最后大声朗读一遍，尽力读出每一个字。

最后一遍听起来如何？感觉如何？如果正确完成每个步骤，第三遍应该非常棒！只需 60 秒，一支笔还有内在的动力就会带来奇迹，让你信心大增。

// 获救指日可待（Salvation Is Within Reach）//

以上是演讲的 7 个致命错误，或许你犯了其中一个，不要烦恼。重新审查自己，抛弃那些有缺陷的行为方式和可怕的坏习惯。研究发现，目的明确、重点突出、意识清晰的行为能够抵御大脑对改变的抗拒。如果真的要对大脑进行重新布局，就要聚焦新的行为方式并加以频繁练习。新的连接建立起来，旧的就不再发挥作用。这里再额外增加一个步骤，就是致敬神经科学研究，当然也包括对新的行为方式进行奖励动机的研究。[6] 可以在朋友面前练习，问问他们的反馈，最好是积极的反馈，必要的话小小"贿赂"一下。积极反馈就像是对大脑的奖励，大家都爱奖励。此时也不会触发大脑的威胁探测器。通过练习，这些行为方式从前额叶皮层转移到基底核，变成大脑的预期习惯，之后便可以毫不费力地迷倒观众了。

---

[6] 苏·兰利. 改变的脑神经科学：为什么改变困难，如何轻松做出改变？兰利集团. 2012.5.23 Web. 2015. 8.9.

尝试与应用

// 了解你的致命错误（Know Your Deadly Sins）//

给自己录音。听录音是发现错误的唯一方法。我们倾向于高估自己（没有想打击任何人的意思），只是希望你对自己诚实，能够意识到自己致命的错误。意识到错误是改变的第一步。

// 集中精力，明确目标（Focus and Be Purposeful）//

一旦意识到失言，例如说了猎手填充词，此时停下来，感觉如何？开始紧张了吗？是不是想着观众在盯着你看？是不是已经忘了接下来要讲什么？立即删掉猎手填充词，把原来要说的话重复三遍，留心每一个字。大脑会记住这种"暂停再重复的行为"，下次再说同样一句话时，一定不会再出现这类词。

关键点（Key Notes）

1. 猎手填充词：留意猎手填充词，留意的越多，使用的越少。

2. "我是说"：一个假设，简直就是累赘。

3. 用升调讲话：确保只在真正问问题的时候，句子结尾才用问号。

4. 蝴蝶卷饼腿：演讲时避免把腿扭曲得像蝴蝶卷饼一样，练习时先想好站位。

5. 糟糕的语速：练习缓慢演讲，在限定语速范围内进行演讲。

6. "你觉得对吗？"无论何时何地，演讲中都不要出现。

7. 大理石嘴巴 / 语言障碍：练习时，嘴里放一支笔，保证演讲当天能够正确地说出每一个字。

第八章

Chapter

8

Address the Dress

探讨衣着

美丽从鞋开始。

玛丽娜·塞迪斯（Marina Sirtis）

本章重点

为何舒适第一？

如何避免失败的穿衣

// 穿着也能传达信息（Clothing Communicates）//

你是否有过重要聚会穿着不得体的经历？ 当时尴尬透顶了吧？恨不得立马钻到桌子底下。曾经热切盼望的聚会，现在巴不得赶紧逃离。你女朋友怎么没说不能穿短裤？也没说她的父母也在场？"她妈妈刚刚在对我翻白眼吗？"穿着随意的你，此时只想着尽快逃走，或者借酒壮胆，再或者找一棵大树，在后面躲上大半夜。无论如何，此时你真是消极无力，心灰意冷啊！

没有按要求着装，听着很简单，却让人抓狂。你认定每个人都盯着你看，对你糟糕的着装指指点点。他们看起来在盯着你，其实在根据着装对你进行评判。我们不需要观察细致、意识敏锐的时尚点评家，也不讲述令人愉悦或是充满恶意的时尚点评，这里所讲的评判出于固有的原始的防御本能，是瞬间形成的判断。判断一个陌生人的特质，诸如是否友好、危险、喜欢我们，来自其他国家，富翁、穷人、被解雇、是否专业，等等。我们在大脑中核对清单，以此判断如何接近或避免与这个陌生人接触。通过多年与各色人等打交道，人类磨炼出了这种防御机制。判断总是正确的吗？那不见得，但却是大脑自我保护的方式。

我们更倾向于帮助与自己相似的人。[1]因此根据场合决定穿着能够在更多方面帮助我们。

---

[1] 弗朗西斯·弗林：什么让人愿意帮助他人？斯坦福商学院. 2013.11.21. Web. 2015.8.15.

// 等等，你的衬衣有话要说
（Wait, Your Shirt Is Saying Something）//

即便没有意识到，衣着也的确能够传达信息。衣着不仅传递出你是否精心打扮，与你接触是否安全，同时研究还发现衣着对人的个性、自信程度、社会经济地位的假设都构成了评价的一部分。[2] 此外，如果想被认可为某领域的权威，穿着最好保守。地位越高，着装越重要，甚至于衬衣最上面的扣子是否系好也会被关注。[3] 有人可能说："我们从来不会根据穿着来评价别人的性格，你居然敢提这样的建议？"事实上，通过穿着来评价他人很自然，大家都会做，只是可能没有意识到罢了，也许做决定时能体现出来。例如，信任谁，采纳谁的建议，甚至是讲座认可的信息。

穿着给周围人群传递信息的同时也给自己传递信息。商务装和训练服肯定有很大的区别。大家都有过这样的经历：大汗淋漓之后，或是分手后狂奔回来，再盛装打扮，感觉会好很多。你知道这叫"具衣认知"吗？定义是"衣着对穿着者心理过程的系统影响"。[4] 就是衣服如何与穿着者进行沟通。与演讲有关的一个重要发现就是，穿不同的衣服有助于诠释不同的角色，还会影响演讲的发挥。演员对此经验丰富，更有发言权。访谈中他们表示穿上主人公的衣服有助于自己进入角色。花时间想想哪些衣服让你觉得强大、有力和自信。根据演讲的预期效果选择着装，而不要随着自我感觉来穿衣。

当然，这样做并不是要你压抑个性，只是即便大胆的穿衣选择，也有既定的和不成文的约定。例如，多数殡葬服务，一顶造型大胆

---

[2] N. 豪利特，K.L. 派恩，B. 弗莱彻. 穿着对于第一印象的影响：关于男士穿着的快速、积极的小改变. 时装营销及管理杂志，(2013): 38‐48.

[3] N. 豪利特，K.L. 派恩，B. 弗莱彻. 穿着的小改变，看法的大变化：刺激与职业地位之间的互动. 性别角色：研究期刊，72.3‐4 (2015):105‐106.

[4] 亚当·哈罗，亚·加林斯基. 具衣认知. 实验社会心理学期刊，48.4 (2012): 918‐25.

的帽子可能让人驻足观看。演讲者的穿着决定了观众是接受还是拒绝他。服装可以疏远或拉近与观众的距离。当然，观众与演讲者越近，他们越能敞开心扉倾听演讲。

你应该从来不会看到一名男性政客穿着西装外套、打着丝质领带，踩着平底鞋在当地酒吧和选民喝酒，政客绝不会卷起袖子，脱下外套或者松开领带。同样，一名女性政客也不会穿着高跟鞋，戴着珍珠项链造访明尼苏达州的火鸡农场。另一方面，政党会议主旨演讲或者国会演讲时，他们也不会穿工作靴，戴安全帽。政客们会因角色、场合或观众不同而选择不同的衣着，演讲者也不例外。

怎么穿才合适？首要原则是贴近自己。如果穿着不舒服，又极度紧张，那简直糟糕透了。你需要依据自己的角色和观众来选择衣着。首先，什么场合？有些情况下，某些统一的着装就能适应角色。例如，宗教服务或者学术仪式（比如毕业），通常会规定穿长袍。参加婚礼或其他场合，邀请函中一般也会规定着装。但记住"商务装"也分不同的种类。穿着还要依据天气和场所进行调整。如果是不熟悉的场合，试着找找去年或者类似的场合别人怎么穿。社交媒体、事件网站可能会公布当时的照片，或者四处打听一下。找到适合的装扮或造型，然后稍稍加以提升即可。站在台前，要让人感觉睿智精神，要传达出"我很尊重这个场合和观众"的信息。

我们经常鼓励学生毕业典礼当天精心打扮。首先，它传递给教授的信息是你很认真努力；第二，因为专业的着装其他学生也更容易关注你；第三，还记得"具衣认知"吗？穿着更专业，自我感觉也不同。

女士们，穿高跟鞋和拖鞋有着完全不同的行为举止。穿高跟鞋，需要调整姿势，站得更笔直，走路更有目标。男士们，穿上西服，打上领带，游戏规则也变得不一样了。不仅仅是西服套装，更多的是别人投来赞许的目光和积极的关注才让我们能够昂首阔步。

// 关于帽子（A Word About Hats）//

在英国，只有拥有皇家头衔或演讲时才戴帽子。帽子能分散人的注意力。可能你不会留心躲在帽檐下的自己有多紧张，但观众会注意到帽子下面那张严肃的脸孔。男士们喜欢棒球帽，可演讲戴棒球帽绝对不时尚。当然，凡事总有例外。如果平常都戴帽子，帽子成了自己的标志性形象，那戴上帽子才能最好地发挥。经常佩戴的东西会变成自己的一部分。如果本来不习惯戴帽子，为什么演讲时要戴呢？帽子偶尔会分散你的注意力。

// 量体裁衣（Looking Like Champagne on a Beer Budget）//

说这些绝对不是要你花光积蓄大置衣物。很多办公室着装都比较休闲，尤其是科技和娱乐公司，不用大量添置衣物。或许你是学生或刚毕业，经济能力有限，还没有一套自己的商务正装。没关系，可以从好朋友那里借，也可以多买几条漂亮裤子，用同一件衬衫做创意搭配。另外还有很多不错的寄售商店和二手商店，里面有设计师的个人服装低价出售。事实上，目的更重要，通常努力就会赢得观众。尤其是他们认识的你习惯穿牛仔裤和运动鞋，现在正身穿海军蓝夹克和牛津布衬衫努力演讲。

还要确保服装实用，不影响发挥。第一次穿新皮鞋，鞋跟会有些打滑，需要先穿一穿增加摩擦力；或许你不太适应打领带，那就在房间里试戴一个小时。打上领带讲话，可能会有哽咽的感觉，多多练习，提前适应。定制外套会拘束手臂运动，所以穿夹克时的运动范围可能跟不穿时大不相同。这些你最好都提前了解。

首饰也很好，只不过也可能会让你和观众分心。耳坠或许会卡进头发或者麦克风耳机；宽松的手镯和沉重的手表可能会碰到演讲台；项链可能会卡到领夹式麦克风里。因此，佩戴首饰的原则就是简单。

衣着的基本原则：选择服装，宁可保守，避免衣服上出现大的标志或文字，除非适合当时的角色、场合和观众。一定不能喧宾夺主，让衣服的风头盖过演讲本身。

// 微笑就是时尚（Smiles Are Always in Fashion）//

最后，送你一个免费的时尚建议：有疑问时，尽量微笑。当然，没有疑问也可以微笑。研究发现了微笑的益处，[5] 以下是微笑给演讲带来的好处：

- 微笑会让你看起来更好。科学证明我们会被微笑的人吸引。
- 微笑会传染。如果你微笑，整个房间的人都会以微笑回敬你。
- 微笑会立即令整个房间暖起来。一个灿烂的微笑会消除你和他人间的紧张感与距离感。
- 微笑会令你心情愉悦。微笑能释放大脑里的内啡肽和血清素，让人"感觉良好"。
- 微笑会平复心情。压力会表现在脸上，微笑能够放松面部神经。

---

[5] 朱迪思·盖伯. 美妙微笑的真实成本：露出你最美的微笑. Bloomberg.com. Web. 2015.11.1.

小节串联 (Zipping It All Up)

本章旨在帮助你选择演讲最合适的着装，挑选衣服时要考虑不同的因素，至少在演讲前一天晚上就提前准备好。留意服装传达的信息，提前试穿，体验穿上特定服装的感觉。但请记住，无论穿什么，都要表现自信，面露微笑，态度决定一切。你不说，没人知道你是否紧张。紧张没关系，不要告诉任何人，只露出美丽的笑容。

尝试与应用

// 发掘个人风格（Find Your Style）//

- 对你的衣橱进行评估。盘点一下你有什么衣服，还需要什么衣服。
- 什么衣服能带你进入"演讲者"的角色？
- 什么衣服能够表达出"我知道自己在讲什么"。
- 先看基础款型的衣服、领带，鞋子和配饰放到最后。
- 男士：挑选出西服、休闲裤和衬衫的组合，固定搭配总是最好的。
- 女士：决定是否穿连衣裙、半身裙还是裤子，选择一件衬衫来搭配。
- 试试选好的衣服，确保合身，感觉良好。
- 搭配好鞋子和配饰。
- 如果自己不确定，可以请朋友帮忙，要让朋友提出真诚的意见。

// 了解场地（Know Your Venue）//

- 了解你要发表演讲的场合或场地，熟悉着装要求。
- 明确会有哪些人参加，观众是谁。
- 基于调查，记下演讲需要的服装。

关键点（Key Notes）

1. 衣着表达：弄清楚观众期待的演讲者是怎样的，随后选择合适的着装。

2. 穿衣认知：想想演讲当天希望呈现给观众的样子，随后相应着装。

3. 即使没有现成的演讲服装，仍有多种渠道可以搞定。

4. 有疑问时，请微笑。

第九章

Chapter **9**

Rewire Your Routines

重置大脑习惯

没有敢于冒险的勇气，此生将碌碌无为。

穆罕默德·阿里（Muhammad Ali）

本章重点

习惯的秘密

仪式、惯例与反馈

// 习惯的秘密（The secret of Custom）//

假定你在健身房有最喜欢的跑步机，咖啡厅也有最喜欢的位置，如果被陌生人占用，你会怎样？当然，还有其他的跑步机和很多空桌，可问题不在这儿。我们生来会建立习惯，问题是你的习惯被打破了。

人类是拥有习惯的生物，我们喜欢习惯，每个人也都有上千种习惯。习惯是原始大脑"国防部"的一部分，确保我们不要过分偏离熟悉的事情。我们的祖先认识到某些事情对他们有好处（至少不会要命），就反复练习，这样可以存活下来或者活得更久。现在某些习惯已经深入我们的骨髓，只是我们可能没有意识到。还记得上次系安全带是什么时候吗？紧张的时候，你会咬几次手指呢？习惯其实有助于人类生存和发展，只是祖先并没有领悟到。

几十年前，镇上的亲戚还要骑马或坐马车来串门，现在太空旅游都成了现实，技术一直在飞快发展。根据英特尔联合创始人戈登·摩尔的研究，技术发展以指数增长。[1]他提出了著名的"摩尔定律"，告诉我们计算处理速度每 18 个月会增加一倍。那怎么才能赶上这些时刻更新、令人难以置信的变化？从某种程度上讲，还要得益

---

[1] 史蒂芬·尚克兰."摩尔"定律：技术的关键准则. CNET.com. 2012.10.15. Web. 2015.11.1.

于大脑能够形成习惯。习惯允许大脑快速吸收并调整接收的新信息，随后建立捷径，使得日常生活井井有条。

查尔斯·杜希格的书《习惯的力量：我们为什么会这样生活，那样工作》做出了解释。[2]

他认为每个习惯都开始于一种叫"习惯回路"的心理模式，有三个组成部分：暗示，引发的行为，获得奖赏。大脑重复性接收刺激，致使我们调整行为模式，之后变成自动行为，习惯就此形成。例如，儿童第一次学习刷牙，要花费很多的精力，还要接受成人的指点和示范。刷好可能会得到表扬（奖励），没刷好至少不会挨骂。当接受"刷牙暗示"刺激时，大脑进入自动行为模式，此时，刷牙从思维大脑（前额皮质）离开，进入大脑深层部分，即基底核。这样，刷牙就成为了日常习惯。

当然，习惯有好有坏，可以通过是否对自己和他人造成伤害来区分习惯的好坏。大脑能把习惯动作转变成对我们有益的动作。还记得教老狗耍旧把戏吗？习惯可能与生俱来，但不代表不能被重塑，习惯完全可以被改变。

假设每天晚上写完作业你都会熬夜打电子游戏；第二天早上 8点，你摇摇晃晃去上课。打游戏的习惯并不能给学业带来任何好的结果，可你并没有改掉这个习惯，为什么？杜希格说要打破一个习惯回路，需要弄清楚暗示（引发物）和特定行为的奖赏分别是什么。熬夜打游戏的例子中，可以认为完成作业是暗示，打电子游戏带来的兴奋是奖赏。实际上，暗示或引发物可能比较无聊，打游戏是一种避免无聊的方式。然而，打游戏就要熬夜，还有其他的办法能够打破这种无聊，同时不影响学业吗？当然有！你可以去健身、和朋友

---

[2] 查尔斯·杜希格.习惯的力量：我们为什么会这样生活，那样工作.纽约：兰登书屋，2012

聊电话或者早点睡觉。也就是说，写完作业，无论做什么事情都能结束这种无聊，由此打破因为游戏上瘾而熬夜的习惯。了解暗示和奖赏对改变行为很重要，继而可以打破固有的习惯。

说到公共演讲，很多人都有不好的习惯回路。这个回路以暗示（神经紧张）开始，最后产生落荒而逃的行为。许多学生想尽办法逃避演讲课，更有学生坦言他们逃过好几次演讲课，因为他们实在太害怕，根本无法完成演讲。商务人士也会逃避职业生涯中任何上台演讲的机会。所有逃避行为的奖赏，就是减少焦虑。很多情况下，这会限制你的潜能发挥。工作中，可能就会牺牲晋升和涨薪的机会。

不知你是否意识到，现在的你已经开始准备打破这个讨厌的演讲回路，阅读本书表示你已经厌倦了逃避，准备好做出改变。或许你认识到避免公共演讲只是暂时的解决办法，或许你知道会有一个更大的奖赏等着你。不要再逃避了，参考以下实际的备选方案做出改变吧。

- 观看精彩的演讲视频，不要再觉得演讲很神秘。附录提供了你可以参考的一些精彩演讲。观看时留意自己的感觉。你被什么所吸引？传达的内容为何如此让人兴奋？
- 形成在工作中、读书俱乐部或其他任何公共论坛上发表讲话的习惯。
- 开始关注并倾听别人讲话，包括你自己。这会帮助你意识到讲话时可以使用哪些词语或者找到恰当的词语来传递信息。
- 克服公共演讲的恐惧将让你勇于面对生活中的其他挑战。

// 穿越习俗（Flying Through Customs）//

惯例和仪式都能形成习惯，但两者有很大的不同。日常惯例通常经过仔细的思考，具有一定的目的性。例如，如果你想保持身材，可以早上7点去跑步或去健身房，比如说每周一、周三、周五都去，这就是日常惯例，是根据实际情况制定的，因为锻炼等同于保持身材。

而仪式是大脑里的连接，不一定有节奏或原因。可能两个毫不相干的事情会被放在一起，仅仅因为结果对我们有利或者让我们感到舒服。

如果你来自费城，一定知道已故的凯特·史密斯对费城飞人队的意义。实际上，这个冰球队在史密斯去世后特意立了一座她的雕像。故事开始于20世纪60年代，当时，只要播放史密斯演唱的《上帝保佑美国》时，飞人队就会赢得比赛。[3]而一旦没有播放，团队总是输掉比赛。因此，史密斯演绎的欧文·柏林的著名歌曲很快成了飞人队的幸运歌。最终飞人队邀请史密斯到费城观赛并现场演唱，她曾数次愉悦地接受了邀请。每次演唱完，飞人队都会赢得比赛，甚至拿下了需要连续客场作战的斯坦利杯。由此开启了一种模式：史密斯演唱，飞人队赢；她不唱，飞人队输。当然，也有例外发生。直到今天，只要播放史密斯演唱这首标志性歌曲的视频，飞人队赢得比赛的概率还是非常高。

言归正传，有人相信如果没有穿戴自己的幸运帽或运动衫，团队很可能就会输掉比赛。这就是仪式：就像飞人队的例子一样，两个不同的行为联系在一起，从而产生或好或坏的解读，这是一种心理现象。

如果相信仪式，或许就会忽略对它不利的证据，同时看似矛盾的地方看起来也很合理，[4]由此形成一个潜在的自我灌输式的预期。飞人队队员相信只要史密斯演唱，他们就会赢，由此消除了他们心中所有的疑问，并最终获得胜利。另外，仪式会给人舒服的感觉，使人相信

---

[3] 飞人队历史：凯特·史密斯. Flyers History.com. Web. 2015.11.1.
[4] 利昂·费斯廷格. 认知失调理论. 斯坦福：斯坦福大学，1985

自己在不可预知的世界里，有一定的掌控力，这样可以减轻压力。仪式还有助于放缓快节奏的生活，哪怕只是片刻。再举个例子：在家里做咖啡有几种不同的方法，可以冲速溶咖啡（只要加水搅拌），使用咖啡机，或是使用法压壶。我们的朋友桑德拉觉得世界上本不应该有速溶咖啡这种东西，但她也没有传统的咖啡机。她并不是我们所说的咖啡专家，对她来说最享受的事情莫过于准备咖啡的仪式。在炉子上烧开水，磨咖啡豆，之后使用法压壶制作咖啡。她说，也许准备和清洗会多花一点时间，但是制作咖啡的整个过程会使自己放缓一天的生活，即使只有短暂的片刻也足够了。桑德拉确信她做的咖啡更好喝，研究人员说她可能是对的，只是对于她来说更好喝。

研究发现"饮食"仪式，例如唱"生日歌"和吹蜡烛，能够改变我们对食物本身的看法。换句话说，因为刚刚举行完"仪式"，所以蛋糕会更好吃。[5] 这就是舒心的食物。

很显然，大部分仪式都是无害的。当相信仪式会造成不可避免的伤害时，它才会成为障碍。史密斯没有演唱时，冰上的飞人队能够确定自己赢球的概率吗？那对手呢？如果他们也相信史密斯对比赛结果有一种神奇的功效呢？这会影响他们的比赛吗？事实上，史密斯的歌声对两队都有影响，大家都认为结果不可避免。如果仪式没有影响正常发挥，它就是你不可思议的盟友。

如何有效利用惯例和仪式来准备演讲？读本节时看到自己的影子了吗？每天早上，你是否也需要那杯咖啡来开启一天的生活？晚上，你是否必须查看了脸书（facebook）才能入睡？演讲时，这些都帮不上你。真正能帮忙的是那些使你平静、集中注意力的惯例和仪式。准备公共演讲首秀时，想想有什么惯例能够帮助你，接下来的尝试与应用部分也会提出建议。

---

[5] 品尝味道，先进行简单的仪式．心理学科学协会 RSS. Web.2015.11.1

// 接受友善的反馈（Taking Friendly Fire）//

演讲者想要改进想要成长，就需要别人提出反馈，可我们往往又不愿意接受或听从反馈，因此提出和接受反馈就成了双方交流的雷区。可一旦了解了大脑如何处理反馈信息，你一定会收起那张矛盾纠结的面孔，吸收对自己有利的反馈。

还记得上次别人给你的表演、项目和文章提出的反馈吗？应该有几条鼓励的评语，但估计你更多关注的是那些负面的评论。这很正常。事实上，研究发现大脑对正面和负面信息有各自独立的处理线路。[6] 此外，大脑还有负面偏好：即更多关注失去而不是得到的东西。另外，芝加哥大学的神经科学家约翰·卡西奥普研究指出，我们的脑电活动在遇到同等强度的负面刺激时比遇到正面刺激产生的峰值更高。[7] 为什么大脑更喜欢负面信息？

还是与生存相关。牢记负面信息，可以采取应对措施。也就是说，危险出现时我们需要准备好应对，或者通过辨识不利的信息来及时避免危险的发生。为什么呢？还记得第一章的内容吗？我们的原始恐惧就是害怕被群体排挤和遗弃，因此心底渴求能够融入群体。强烈的批评会让人感到被群体排挤的威胁，而被人喜欢则意味着被群体接受。因此，我们总是想尽办法让人喜欢自己。

以上暂不包含其他更复杂的因素，例如谁提出反馈，谁接收反馈。假定反馈来自夫妻之间，就某些问题，丈夫如何接受妻子的建议呢？范德堡大学的研究人员对此进行了调查。[8] 如果是丈夫更了解的话题，

---

[6] 特雷西·埃普顿，彼得·R.哈里斯.自我肯定促进健康的行为改变.健康心理学，27.6 (2008): 746 - 52.

[7] 奥哈拉·玛拉诺.大脑的负面偏见.今日心理学，2010.10.29.Web. 2015.10.2.

[8] 马克斯·贡特尔，史蒂芬·比奇，内森·亚娜萨克，L.斯蒂芬·米勒.破译配偶意图：夫妻交流的功能性磁共振成像（FMRI）研究.社会关系与个人关系期刊，26.4 (2009): 388 - 410.

他通常会更倾向于质疑妻子提出反馈的动机而不关注实际的反馈信息。拒绝接受建议或许也会阻碍别人提出反馈。这也不全是固执。心理学家说反应物会下意识去做与被要求的事情相反的事。[9] 可以说人本身就是反应物，即便是爱人的要求，只要违背了本人的最佳利益，他也会拒绝接受。反应物如果感觉自主性受到威胁，反抗就是他的自然反应。

天啊！反馈居然会产生这么多问题！那如何让反馈更有效呢？以下几条建议可供参考：

● 特意留意积极的反馈。大脑会自动关注负面的评论，但你需要平衡正负面信息，这样才能得到最正确的反馈。

● 总是默认反馈都是诚实的、充满善意的。

● 敞开胸怀。如果无理由地拒绝改变，你就成为了一个反应物。此时，不要自暴自弃，诚实承认自己的固执，敞开胸怀接受反馈。

---

[9] 里克·诺尔特．为什么我们喜欢跟配偶对着干．心理学中心新闻，心理学中心．Web.2015.11.1.

// 安乐毯：不只给孩子
（Security Blankets: Not Just for Kids）//

你的手机屏保是什么？如果是深爱的人的照片，相信你时刻都不会觉得孤单。你的家里和办公室，应该有很多自己关心的家人或朋友的照片吧？很早以前我们就有携带所爱之人的照片、信件或者一绺头发的传统。这些都是成长的安乐毯。布里斯托大学的心理学家布鲁斯·胡德[10]说我们随身携带这些东西有以下几个原因：首先，这些东西是挚爱的老师、祖父母或对我们有特殊意义的人赠送的，因此充满了怀旧的感情。其次，我们对物体有种依恋的感情。胡德叫它"本质主义"，大致是说物体有很多超出其本身的含义。你不相信？想想你丢了的那条项链，它是你高中毕业时父母送给你的，如果再换一条一模一样的，感觉一样吗？

我们总是鼓励演讲者带上给自己带来安全感的东西，可以不让观众看见它们，事实上，我们也希望观众不要看到。当演讲者感觉自己与这些东西很近时，就会给他们带来心理安慰。

我们的朋友凡妮莎演讲时总会携带女儿的照片，演讲之前看一看。这让凡妮莎感觉很棒，也时刻提醒她作为母亲的责任。她想告诉女儿要尽全力做每件事情（包括害怕的事情），亲身示范应该是最好的办法了。随身携带这些小东西，它们一定能给你带来安慰。

---

[10] 斯蒂芬妮·帕帕斯. 成人也需要安乐毯. 生活科学，科技媒体网，2010.10.10. Web. 2015.11.1.

// 结束回路（Closing the Loop）//

　　了解习惯如何产生揭开了习惯的神秘面纱。你有阻碍演讲的坏习惯，或者需要为演讲培养一个好习惯吗？不管哪种情况，现在我们都有了解决的办法。形成一个演讲时常用的惯例也很重要。反馈是个有用的工具，让你在需要改进的地方多加练习，做得好的地方继续保持。对正面和负面的反馈要给予同等的关注，两种反馈都是很有价值的信息。留意自己是否更倾向于负面信息，有意提醒自己关注正面信息，注意两者之间的平衡。花时间找找能给你带来安慰的东西。不要担心没有，因为我们可以虚构一个。注意东西一定要小，主要是看到它的时候，会让你觉得平静、自信或者给你灵感。

尝试与应用

// 明确不适合你的习惯
（Identify the Habits that Don't Serve You）//

写下自己生活中的习惯，哪些适合你，哪些不适合？你能找到想要打破的那些习惯中所包含的暗示、行为和奖赏吗？暗示或许不像你想的那么直接，所以请挖掘得深一些。一旦找到了暗示和奖赏，想出三个可以提供相同奖赏的替代行为。

// 创建演讲仪式（Create a Public Speaking Ritual）//

创建仪式关键要确保对你有效，而不是阻碍演讲。仪式应该是可移动的、私密的、简单的。

可移动的：创建一个"路上"或者在任何地方都可以完成的仪式。例如，挑选一支代表你演讲的主题曲，每次坐下练习或者去演讲的路上都放这首歌。如果是公共场合，可以用耳机听。也可以选择一个口头禅或箴言。我们有一个学生会说"老虎的眼睛"，她每次练习或者演讲之前（在外面的大厅或者洗手间）都会说这个短语，这里融入了之前讲到的积极的自我对话。有时候在说的同时，她还会配合做"老虎爪子"的手势。不管放音乐还是讲短语，这些仪式都跟演讲相关联，能够带给你自信和安慰。另外，还可以加入前面章节中讲到的靠谱的热身练习作为新仪式的第一步。

私密的：仪式是个人的。如果可以，仪式要在安全的、安静的地方进行，目的是让你集中精力，聚焦手头的任务，不要分心。另外，需要比画老虎的爪子或者说"老虎的眼睛"时，还能避免引来别人奇怪的目光。

简单的：仪式不需要是个大产品或者花费很多时间。也就是说，不需要全程播放自己选好的主题曲，只需要让它带领你进入到演讲的状态即可。

// 找到自己的安乐毯（Find Your Security Blanket）//

我们会对物体赋予感情。演讲当天，找一个可以随身携带的小东西，它会让你觉得安全、平静和自信。确保这个小东西可以方便地装进口袋，别在衬衫、裤子或者裙子里。知道自己带着它，能给你带来额外的安慰。

关键点（Key Notes）

1. 习惯是我们没有注意到的下意识的行为。

2. 弄清楚习惯的引发物和奖赏能够帮助你改变行为方式。

3. 演讲练习时，培养好的惯例和仪式。

4. 反馈是你的朋友，征得反馈后从中学习改进，做最精彩的演讲。

5. 在新环境中，安乐毯或其他有特殊意义的东西能够带给我们心理安慰；演讲当天请随身携带一个小东西。

台上一分钟，台下十年功。

韦恩·布格格拉夫（Wayne Burgraff）

本章重点

撰写演讲稿的七个步骤

// 准备开始（Getting Started）//

也许你有几天或者几个月的时间来准备一场盛大的演讲，无论怎样，我们都希望你想得简单一点。开始就去想"所有的事情"不仅没有帮助，也没有必要。实际上，把这段演讲历程分成几小步会更好。我们把它分成 7 个可控的步骤，每个步骤都为下一步做好准备，让你逐步走近一场精彩的演讲。现在开始吧！

// 第一步：搜寻与收集（Step One: Hunting and Gathering）//

无论场合和话题是什么，都需要搜集信息，我们把这一步叫"搜寻与收集"。无论是伴郎敬酒词、主旨演讲、课堂演讲，还是毕业演讲，都需要许多的信息。当然，演讲的类型决定了需要搜寻的信息种类，那也无妨，我们需要广撒网，尽可能多地找到与话题相关的信息。不要担心怎么使用或者如何组织这些信息，现在的任务就是寻找信息。

信息搜集一般是指上网搜索，试试拓宽信息来源。看看期刊文章、视频、广播访谈、诗歌、名言引用、统计资料以及富有人情味的故事。如果话题与某个人相关，比如结婚纪念致辞或者葬礼悼词，可能还需要向亲戚朋友了解一些当事人的故事、趣事和事实。花几天时间搜寻记录、翻看一下家庭相册，试着找到一些数据。就好比摘果子，通常低处的果子比较好摘，但味道最为香甜的往往需要付出更多的努力。我们不仅要找观众熟知的信息，还要能跟观众分享一些特殊的或全新的信息。否则，只不过就是告诉观众他们已经知道的事情，那还有什么意义呢？例如"苹果"是一场演讲的话题，你给观众传达的都是最基本的事实：苹果是一种水果，大家都喜欢吃，华盛顿州的苹果最为出名，苹果还能用来做饭（包括苹果派）。这些都正确，可估计不会让任何人惊喜或感兴趣。除了分享基本信息，我们还能找到一些更有趣的事情：

- 目前 90% 的苹果大概可以分为 11 类，其中 5 类在超市有售。
- 在 19 世纪，美国生长着 7100 种不同种类的苹果。
- 86% 的种类现在已经消失了。
- 我们要重视品种灭绝，因为"作物多样性"对我们的生存至关重要。
- 挪威的斯瓦尔巴全球种子库保存着来自世界各地将近 90 万种不同的种子样本，包括现有的苹果类种子。这个种子库可以帮助保证未来作物的多样性。

学到新知识了吗？就算你没有，观众很有可能已经得到了新的信息。谈论苹果听起来像个索然寡味的食谱，可深入研究可以挖出一些有趣的相关信息，这样便可以吸引并保持观众的注意力。

// 第二步：信息分类（Step Two: Divide to Conquer）//

如果你已经给演讲找好了足够的信息，现在可以把它们按主题进行分类。其实我们的大脑在婴儿时期就会下意识地分门别类了。坦率地说，如果大脑不能很好地处理和分类输入的海量信息，那我们的麻烦就大了。

有人对美国人每天要接触多少广告和市场信息进行了调查研究，发现他们每天要接受 5000 条信息，这些消息来自各种可以想象的渠道，包括电视、网络、广告牌、商场标识以及广播等。相比 20 世纪 70 年代都市人每天接收 500 条消息，现在的数量上涨得太惊人了。[1]而他们并没有因为剧增的信息而发疯，为什么呢？

因为大脑有着惊人的分类能力，无论对声音还是物体。大脑与生俱来的功能使我们能够接受并吸收世界上所有的信息。大脑会区分出哪些是新的信息，哪些是不同的信息，还有哪些是在原有基础上发展出来的。我们根据大脑中已有的分类信息做出决定，之后对信息类别进行更新。[2]

例如，小孩子第一次听到烟雾探测器爆炸时，肯定被吓得够呛。不只因为声音巨大让人害怕，主要是不清楚这个爆炸是什么意思。需要逃跑，藏起来，还是装死？此刻他会立即在大脑里搜寻数千种声音的分类，以此判断这个新的声音是否曾经听到过。嗯，不是冲马桶的声音；也不是妈妈的声音；这声音听起来有点像哥哥的闹铃，可也不完全像。当他知道是烟雾探测器之后，会把这个声音收集起来归类，下次再遇到时，便能根据大脑中的声音分类决定自己接下来要干什么。收集分类能够给我们节省大量的时间和精力。

---

[1] 凯特琳·约翰逊. 穿过杂乱的广告. CBSNews.com. CBS 互动传媒，2006.9.17. Web. 2015.11.2.

[2] 分组的力量. NPR.com, 2015.2.6.Web.2015.8.18.

既然大脑有这样非凡的自然库存系统，就要充分利用起来。现在搜集到的信息应该有了大概的分类，实际上，大脑或许已经做了一些观察、搞清楚了某些类别，也可能已经挑选了一些信息，现在要做的就是有意识地分门别类了。

信息呈现的主题都有哪些呢？不要担心把信息挪来挪去，或者多次改动原定的分类，多试验几次。信息可以做成独立的电子存档，也可以使用老式的纸质存档，只要确保分类系统具有一定的灵活性即可。可以对信息进行广义分类，也可以特殊分类。

你可能想把搜集的信息分成两类，另一个人可能想分得更具体一些。例如，你打算利用搜集的信息准备一篇关于加拿大的演讲，你把信息分为：

1. 历史上的加拿大

2. 现代加拿大

同样还是这些信息，另一个人可能想具体分成：

1. 殖民前和加拿大土著

2. 英国殖民

3. 法国殖民

4. 加拿大和美国革命

5. 联邦

6. 战争

7. 加拿大和《宪法法案》

8. 地理

9. 官方语言

10. 政府

11. 饮食

12. 传统

13. 奥林匹克历史

14. 商业与经济

15. 货币

16. 官方标志

17. 昵称和旧习

如果演讲是要表达对某人的敬意，也可以运用同样的分类。例如你需要在曾祖父 100 岁生日宴上发言，通过搜集信息，你决定做以下分类：

1. 孩提时代

2. 趣闻轶事

3. 军队服役

4. 步入婚姻

5. 家庭钓鱼旅行

6. 给每个曾孙最好的建议

7. 建造小屋

8. 开始家族生意

9.100 年前东西的价格（汽油、一片面包、房子等）

不管你分成两类还是两百类，重要的是对你有用。你需要记录大量的信息，越快找到所需的信息，越能省时省力。

我们的建议是宁多勿少，到了第三步你就会明白原因所在。

// 第三步：初步成型
（ Step Three: The Shape of Things to Come ）//

再返回来看手头上搜集到的信息。如果有"很多"，那是好事。现在决定哪些要用在演讲里，哪些不用。你需要开始把信息加工成型。你准备说什么，怎么说。以下五个问题会帮助你快速完成演讲稿的雏形。

// 必须放在演讲里的信息是什么
（ What Information Must Absolutely Go in the Speech? ）//

这包括观众需要了解的基本事实，或者观众期待你分享的信息。例如，关于加拿大的演讲，依据观众生活的地方，也许很有必要介绍一下这个国家的地理位置。或者，你需要给曾祖父致敬，那就要让观众知道他现在的年纪（100 岁）以及关于他生活的一些基本情况。

// 最特别、有趣或惊讶的信息是什么？
（ What Information Is Most Unique, Funny, or Surprising? ）//

这些不是观众普遍了解的信息，却很有趣。例如，可能大部分美国人都不知道加拿大是君主国，就是过去穿长袍、戴皇冠的皇室家庭。或者，如果是关于曾祖父的演讲，你可能会听到很多趣闻轶事，或者发现你和大家原来都不知道的事情。比如，他曾经抓过一头巨大的鳟鱼，并且在鱼肚子里发现了一块金表就是个不错的故事，如果这块表正好是他五年前丢失的，那故事就更有趣了。不管是什么，这类故事的确会让观众对演讲难以忘怀。

// 与观众和场合最相关的信息是什么？（What Information Is Most Relevant to This Audience and Occasion?）//

这些是观众真正关心的问题，这些信息跟观众有什么关系？或者说他们为什么要听你讲这个话题？还说关于加拿大的演讲，如果观众是美国人，你可以举例说明在美国人民最需要的时候，加拿大人是如何提供援助的。例如，加拿大驻伊朗大使肯·泰勒在 1979 年的伊朗人质危机发生时，在家里帮助一群美国人藏身。这个故事后来被奥斯卡获奖电影《逃离德黑兰》搬上荧屏。2001 年 9 月 11 日，美国关闭领空后，加拿大的 17 个机场降落了飞往美国的 239 架航班，机上共有旅客 33000 名。之后，加拿大国民照顾了这些乘客的饮食起居，一直到几天甚至几周后他们安全抵达美国。

关于曾祖父的演讲，最重要的就是与家庭相关联。他有多少个孩子，有多少孙子（女）以及曾孙子（女）？

// 演讲要传达的整体信息是什么？（What Overall Message Do You Want to Convey in This Speech?）//

这是演讲的首要问题，是话题要表达的基本信息。关于加拿大的演讲，可能要让观众知道美国人应该更多地了解这个位于北方的盟友和邻居；而关于曾祖父的演讲，可能是要致敬一位谦卑的老人，致敬他对世界做出的巨大的、积极的以及深远的影响。

// 演讲结束后，需要观众如何感知话题
（How Do You Want the Audience to Feel about Your Topic after you're Finished Speaking?）//

这可能与之前的问题有点相似，但又不一样。上一个问题是关于你要讲什么内容，而这个问题与观众对演讲的感受相关。感受是一种情感因素，可以指引你创建演讲基调，并努力达到预期的感觉。也就是说，要使你的演讲和观众的感受相得益彰。在关于加拿大的演讲中，目标是鼓励观众更多地了解邻国，因此一开始可以测试一下观众对加拿大的了解，以此证明典型的美国人对加拿大知之甚少。之后，引入一些特别的事实，例如介绍加拿大的君主制，另外告诉他们，加拿大的王后就是英国的女王伊丽莎白二世。演讲的最后可以强调最近一群加拿大的歌迷在嘉宾歌手的麦克风坏了之后，如何与他／她一起唱完《星条旗永不落》，他们唱得太棒了。这样就显示出了加拿大人对美国国歌的了解，然而有些美国人或许并不知道加拿大的国歌。在结尾时，你可以讲述"9·11"期间加拿大人搭救数千名美国人的故事。这样，通篇就有了不同的基调，组成了一个情感的过山车，有着合理的情绪起伏。如果做得好，你会达成自己既定的目标。

关于曾祖父的演讲，重要的是把幽默和能够突出曾祖父谦卑的感人时刻组合在一起，与观众分享他如何让自己的家庭和生活的社区变得更美好。也许他参加过"二战"，可从未提起过。你姑姑在阁楼上整理旧箱子时意外发现他有一枚铜星勋章，而家里甚至他的妻子都不知道这件事。那一代的战士奉行的做法便是尽力而为，毫不吹嘘。在他100岁生日的时候，你可以代替他跟大家吹嘘一番。获得勋章是他服务自己的国家和人民的证明，曾经为了让不道德的独

裁者屈膝跪地，他做出了自己的贡献；而从不谈论勋章则证明了他的谦卑。战后，他返回家乡，把青铜勋章压在箱底，开了一间小杂货店。在调研中，你发现过去的 40 年中，他一直在默默地给经济困难的家庭赊账，一切进行得非常安静，从不大张旗鼓，有时候或许自己还因此遭受一些损失。是应该讲讲这些故事了，这样，"谦卑的救助者"再一次通过这个故事发出耀眼的光芒。

希望此时你已经有了自己的想法。现在返回去，仔细并尽可能具体地回答每一个问题，一边回答一边记录。不要花太多时间提前计划，记得随时查阅自己的分类。你可能需要随时回头去复习一篇文章、统计数字或者看一段视频来加深记忆。

// 第四步：定标题（Step Four: Write Your Headline）//

下次上网浏览时，看看浏览过的网站有多少头条新闻。不论是搜索引擎还是美国有线电视新闻网，这些头条新闻无处不在。我们并不会因为新闻很多就无所适从，因为大脑会时刻对新闻进行分类，并根据过去的经验做出决定。编辑和记者对此都有所认知，知道创建热点新闻对提高点击率和吸引读者至关重要。

我们也希望你写一个演讲的标题。演讲标题经常被称为主题陈述。就像新闻标题一样，演讲标题也要简短、直接，告诉观众话题的重点。新闻标题需要在写完文章之后定好，与此不同，演讲标题在演讲成型之前完成，这是因为演讲标题有双重目的：我们会用标题来告诉观众演讲的目的，同时也提醒演讲者应该把重点放在哪里。这是写作演讲稿时不偏题的重要方法。

第三步帮助你瞄准要讲的内容或者是要分享的信息，但可能有些凌乱，还需要修剪和打磨。例如我们的朋友米歇尔要给社区中心的"国际日"准备法国烹饪的演讲，通过帮助她来看看如何进行修剪与打磨。

米歇尔在第一步花了很多时间，找到了大量的信息，对于 15 分钟的演讲来说真的太多了。我们见面时，她已经完成了第二步，把所有信息分成了 11 类，分别是：

1. 法国节假日

2. 关于食物的法国电影

3. 法国名厨

4. 法国红酒

5. 法国食物

6. 法国烹饪历史

7. 法国餐桌布置

8. 世界各地的法式烹饪

9. 朱莉娅·查尔德对法式烹饪的影响

10. 法式烹饪书籍

11. 法式烹饪学校

米歇尔花了几天时间来认真回答第三步中的 5 个问题，以下是她做的记录：

好像有个主题是关于吓人的法式烹饪，朱莉娅·查尔德是第一个把法式烹饪通过电视带入普通家庭的人，但到餐厅点餐对于一些人来说还是挑战。我的目的是分享给观众足够的信息，这样他们在豪华的法国餐馆点餐时就不会害怕了。换句话说，他们需要知道自己点的是什么东西。

● 我必须分享一些法国餐饮的基本信息

● 我的演讲与法式烹饪相关，因此必须说食物！

● 朱莉娅·查尔德为美国人解密了法式烹饪（对于美国观众来说是知名人物）

● 我想让观众了解经典的法国菜，这样在豪华的法国餐馆点餐时不会尴尬

米歇尔已经做了大量的基础工作，因此我们可以马上开始雕琢她的演讲标题。根据她找到的信息，米歇尔写了一个标题，我们觉得开了个好头。标题把演讲的目的压缩成了几句话：

今天，我会继续朱莉娅·查尔德的传统为你揭秘各种法国菜品。之后你可以试试法国菜。茉莉娅是第一个在美国推广法式烹饪的人。这样下次到了一个豪华的法国餐馆后，你就不会因为不知道如何点餐而害怕。

但是，米歇尔并没有边写边念。如果大声念出来，她将会发现句子太冗杂、笨拙，把几种不同的观点强拉到了一个句子里。她在一个句子里用了4次"法国"这个词，应该修剪一下。我们问她是否已经决定了演讲的目的。她说希望观众尝试精致的法餐时少一些害怕。所以，我们建议她重组一下两个主要观点，先说"害怕"，再说"学习"。变换两个观点的位置让标题看起来更以观众为中心，第一时间传达出她的目的。现在的重点是通过教给观众他们需要的知识来帮助他们。

以下是米歇尔修改后的第一版：

"今天我会为大家介绍经典法餐的各种菜品，以此帮助你们走出精致法餐的恐惧。"

听起来很不错，她确实修剪了句法。她不再提朱莉娅·查尔德，这也很正确，没有必要提查尔德，因为演讲不是关于这个美国名厨，而是关于法国餐饮。当然，米歇尔在演讲内容中可以继续提到查尔德。我们还有另外一种修剪方法，下面是米歇尔的最终标题：

"今天，我会帮大家走出对于精致法餐的恐惧。"

"各种菜品"那一句呢？米歇尔演讲的目的是要帮大家走出对于精致法餐的恐惧，她会通过介绍各种菜品来实现。

为什么对标题的要求如此严格呢？标题越集中，演讲稿组织越容易，也越不容易跑题。精简标题的一个好处（稍后还会讲到其他的）就是它可以明确地告诉你需要包含哪些信息，以及什么信息（即使异常有趣）不适合放在演讲中。

// 第五步：类别管理（Step Five: Crowd Control）//

有了标题，返回来看看之前的信息分组。以标题为指导，把所有类别分为适用和不适用。下点狠心，只关心那些能够支持标题的类别，其他的全部放在一边。暂时不确定某个类别时，先保留下来直到你确定为止。

这样可以精减类别数量，最终只留下两三组。我们是认真的。整合类别时，对于不需要的信息，请直接清理掉，以方便今后能够轻松地查阅。

如何操作呢？再来看看米歇尔法式餐饮的演讲。她一共分了 11个类别，她的标题是：

"今天，我会帮大家走出对于精致法餐的恐惧。"

首先，我们删除无法支持标题的类别：

~~1. 法国节假日~~

~~2. 关于食物的法国电影~~

~~3. 法国名厨~~

4. 法国红酒

5. 法国食物

6. 法国烹饪历史

7. 法国餐桌布置

~~8. 世界各地的法式烹饪~~

9. 朱莉娅·查尔德对法式烹饪的影响

~~10. 法式烹饪书籍~~

~~11. 法式烹饪学校~~

留下的类别如下：

1. 法国红酒

2. 法国食物

3. 法国烹饪历史

4. 法国餐桌布置

5. 朱莉娅·查尔德对法式烹饪的影响

接下来，把类似的项目合并，整合成以下两个新的类别：

1. 法式餐饮体验

2. 经典法餐菜品

这两个最终被剩下的类别（最多三个）就是演讲的主要论点。

现在有了标题和主要论点，就可以开始组织编写大纲了。

// 第六步：演讲稿的重心（Step Six: Heart of the Parts）//

演讲有多少种类型呢？大概有上百种，但所有演讲都有一个相同的基本结构：即开头、中间和结尾。相信你十分熟悉这个结构，任何好的故事，包括电视节目、电影、图书、文章、神话甚至是你给朋友讲的故事都是这个结构，任何一点都必不可少，否则就构不成完整的故事。假设你用心读了一本好书，读到大约三分之二的时候，发现剩下的章节被人撕走了。此时你会耸耸肩就此完事，认为读了一部分就很满意了？肯定不会。大脑还需要阅读完最后的部分来完成这个故事。

演讲大纲的三部分有另外的名字：开头叫"引言"，中间叫"正文"，结尾叫"结论"。如果在学校写过论文大纲，你应该对这些术语不陌生。多数情况下，这个大纲都很适用，但有时也需要为特定演讲量身定做。现在我们一起看一个基本的演讲大纲，学习如何利用大纲来完成一篇演讲。随后以大纲为指导，对每一个论点进行内容填充。填充内容很简单，类似于 "填空"，要使用完整的句子，还要边写边念。始终记住：演讲稿是用来说的，不是用来读的。

引言
- 写下标题
- 写下第一个主要论点
- 写下第二个主要论点

正文
- 写下第一个主要论点
- 写下第二个主要论点

结论
- 写下标题

- 写下第一个主要论点
- 写下第二个主要论点

可能你会想："为什么要重复一样的东西？"因为引言部分是简单介绍你的主要论点，但不会展开，只是告诉观众为了支持你的标题，需要哪两个主要论点；正文部分，展开论点阐述；结论部分，重述标题，扼要复述两个主要论点。你可能觉得这样是小题大做，可这样会形成一个好的结构，帮助观众跟上你的演讲。

继续，给大纲再加几个论点。第一个叫话题概述，就是宏观上关于话题的综述，它能把演讲引向标题，但不是标题本身。写作的一个最简便的方法就是返回第三步，看看你对五个问题的回答。

第二个加入的论点常被称为个人诚信声明。我们叫它个人或专业连接。这是几句关于你为什么会关注这个话题或者你如何成为这方面专家的说明。例如，如果要做关于乳腺癌的演讲，而你自己也身患此病，那你可能希望跟观众分享一下自身的经历与感受。或许你是癌症研究人员或医药专家，同样也会与观众分享这方面的信息。

同时，我们在主要论点下面还加入了子论点。写作过程中，你需要决定哪些信息可以放在子论点中来支持主要论点。有了子论点之后，还需要增加一些句子来标识哪里需要过渡。这些过渡句可以帮助观众了解此时要"先放下这一部分进入下一章节"。常见的过渡句类似于："既然已经看过了 XYZ，现在来关注一下 ABC"。它是从一个观点过渡到另一个观点的连接句。

引言
- 写下话题概述
- 写下标题

- 写下个人连接（个人诚信声明）
- 写下过渡句
- 写下第一个主要论点
- 写下过渡句
- 写下第二个主要论点
- 写下过渡句

正文
- 写下第一个主要论点
- 写下第一个子论点
- 写下第二个子论点
- 写下过渡句
- 写下第二个主要论点
- 写下第一个子论点
- 写下第二个子论点
- 写下过渡句

结论
- 写下标题
- 写下第一个主要论点
- 写下第二个主要论点

现在来看看演讲稿的开头和结尾。我们建议开头使用引人注目的妙语，避免开篇就直接告诉观众要讲什么。类似 "我的演讲是关于"或者"我打算就……做一个演讲"这样的句子绝对不能用在演讲的开头。这就像讲笑话之前就透露了笑点一样。虽然之前提过，这里再强调一下。什么是妙语？很简单——就是能够吸引观众的话语，让观众愿意听到更多的内容。妙语应该跟话题相关，而且相对简短。就是我们在第五章讲到的挑逗式语言。

妙语可以是滑稽或严肃的故事，重要人物的引言，诗词或歌曲的节选，甚至可以是一种奇怪的声音。还可以提出一个能够调动观众的问题，这是让他们参与演讲最好的方式，但留心不要把演讲变成提问与回答的环节。例如，开场可以问："有多少人每月能有额外的 1000 美金使用？"

接下来讨论一下演讲的最后陈述，我们叫"压轴语"。有人常说他们并没为演讲计划过结尾，其实结尾才是观众倾向于能够记住的东西。无论好坏，结尾都将给观众留下长久的印象。那么你想给观众留下什么印象呢？像开篇的妙语一样，压轴语也可以使用相同的办法吸引观众。如果想不到更新更好的办法，也可以利用开篇的妙语作为基础，在结尾的压轴语中巧妙地提起，但要避免一字一句地照搬，这样会让整个演讲比较自然。基于之前开篇的例子，结尾时可以说："既然现在大家知道了每个月如何多赚 1000 美金，现在就可以想想怎么把它花出去了。"

演讲的第一印象和最后的印象往往持续的时间更久。因此，我们强烈建议你经常练习开篇的妙语和结尾的压轴语，并能够记下来。否则，如果演讲时，低头看着小卡片，生硬地念出上面的内容，这些关键时刻一定会让观众对你的良好印象大打折扣。

引言
- 写下开篇妙语
- 写下话题概述
- 写下标题

- 写下个人连接（个人诚信声明）
- 写下过渡句
- 写下第一个主要论点
- 写下过渡句
- 写下第二个主要论点
- 写下过渡句

正文
- 写下第一个主要论点
- 写下第一个子论点
- 写下第二个子论点
- 写下过渡句
- 写下第二个主要论点
- 写下第一个子论点
- 写下第二个子论点
- 写下过渡句

结论
- 写下标题
- 写下第一个主要论点
- 写下第二个主要论点
- 写下压轴语

大纲写完了，但还不是最终草稿。现在可以写一个手稿或者继续修改大纲。记住任何时候都要边写边说。

// 第七步：站立与发挥（Step Seven: Stand and Deliver）//

演讲几乎不可能越过练习。演讲结束后坐下来或者在开车回家的路上，你多么希望之前能够再多练习一次。大部分人只花很少的时间练习，有人甚至说自己只练过几次，或者去演讲的路上简单练了一下，实在令我们震惊。

也许有人会问，应该练习多少次呢？没有明确的答案，非要知道一个确切数字的话，恐怕至少要 25 次。被吓倒了吗？但这仅仅是开始。这 25 次的站着练习，就像面对真实的观众演讲一样。其余练习可以在车里，洗澡的时候，以及任何有空的时候。

很多人或许觉得难以接受，呻吟几声之后，又返回原来的计划，比如在脑子里匆匆过一遍演讲稿，或者在自家狗面前胡乱练习几遍。正是他们，往往会抱怨自己"紧张"，恨不得告诉全世界自己是个糟糕的演讲者。可是，他们又懒得练习或者寻找改进的方法。

失败的原因何在？他们本身并不是糟糕的演讲者，他们只是缺乏练习。事实上，只要练习，一定会做得更好。

由于各种原因，每个人都不能达到预期的练习时间，为此我们才想出了边写边说的办法。写稿的同时说出来，让你一直保持练习的状态，由此大大增加练习的时间。

以下是我们总结出来的最好的实践：

- 每次练习前伸展身体，特别是脖子和肩膀。
- 每次练习前无一例外地给嘴巴热身，可以利用第七章的技巧。
- 站起来，尽可能多地大声练习。
- 练习时，想象成给真正的观众做演讲。
- 在镜子前练习几次，看看你的面部表情和手势。
- 如果可能，检查一下要演讲的房间，四处走走，提前感受。
- 理解每个字的意思，能够正确拼出所有的字。

- 给自己录音（音频或视频），听起来可怕，但很有必要。

- 睡觉前躺在床上过一遍演讲，醒来后，尽可能多地再过一遍自己记得的部分。

- 给自己计时，确保能够在限定时间内完成，而且始终保持一致。

- 不张嘴练习几次，做一些帮助表达的姿势。记住并理解每一个字和短语。

- 记住开篇妙语和结尾的压轴语。

- 借助视频辅助物加以练习。

- 假想演讲成功。

- 练习时消除所有负面的自我对话。

- 练习时屏蔽内心批评家。

- 如果可能，每天多练习几次。

// 让笔记显眼易看（Make Your Notes Noteworthy）//

演讲时，能够背下演讲稿当然是最好的，这可以让你集中精力，可以更轻松地做手势，进而真正地与观众建立连接；同时还说明你很认真地对待这个场合和场下的观众。另一个好的策略就是即兴演讲。这并不是说需要你现场即席讲话，或者边讲边编。此时，你对演讲的基本内容非常了解，也完成了所有的句子结构，只是演讲过程中偶尔翻看一下随身携带的提示内容，确保你不偏题，但也不能被提示内容束缚。

需要提示内容时，可以使用提示卡片、手稿或演讲大纲，绝对不能使用诸如智能手机和平板电脑这类的电子装置。电子设备会经常出错，当然还有其他原因，但最大的原因是它们不是针对演讲而设计生产的。

曾经有位年轻女性演讲时就把提示内容存在了智能手机里，可以说这是迄今为止我们听到的最糟糕的一场演讲。演讲本身还不错，只是她的发挥糟糕透顶。她全程低着头滑动手机屏幕。经常因为滑得太快，又需要返回来。屏幕上的字又很小，她需要一直举起屏幕甚至是挡着脸才能看清；如果这还不算糟糕的话，演讲大约进行到半程的时候，她居然开始收发短信，令现场的每位观众分神。

因此，请用旧式的内容提示卡、手稿或大纲。无论选择什么方式，都请记住这个东西是给自己而不是给观众准备的。如果使用手稿或大纲，请使用大号字，两倍行间距。绝对没有开玩笑的意思。当你站在房间前面时，8 号字就会神奇地缩成了 12 号，单倍行距也挤得乱成了一团。当然，这并不神奇，只是因为紧张让人觉得纸上的字变了形。提示卡也一样，请把字写大一点。

另外：不用担心不整洁。这是你演讲的工具，可以在上面做记录，可以在关键字和短语上画横线，甚至还可以画一个笑脸，只要能够帮到你，怎样都可以。

　　我们的课上，新来的学生担心自己记笔记的纸或者提示卡写满了字，涂涂画画，或者弄得皱皱巴巴，因此总是害怕上交他们的笔记。其实他们不知道，我们就愿意看到这样的标注。笔记上的个人"记号"说明学生每天都带着这个稿件，在练习稿件，并真正把它作为完成任务的工具。只有被使用的工具才能提供帮助。如果一把铲子光亮如新，那肯定没人用过。但哪个是园艺工人最常用的工具，你总是一眼就能找到，因为它们看起来像经历过第二次世界大战一样破旧。

// 视觉辅助工具（Visual Aids Should Be Visual and Aid）//

有时会用到视觉辅助工具，下面是我们的一些顶级小贴士：

- 避免使用白板或黑板
- 提前准备好视觉辅助工具
- 利用视觉辅助工具练习
- 确保视觉辅助工具尺寸够大，人人都能看到
- 确保播放视觉辅助内容时，观众都可以看到
- 演讲时，不要站在视觉辅助工具前面
- 不要在观众间传递视觉辅助工具
- 演讲时不要给观众发放印刷品
- 只有需要的时候才播放视觉辅助工具
- 对着观众讲话，而不是对着视觉辅助工具
- 清晰简明地讲解视觉辅助工具
- 演讲中使用视觉辅助工具，而不是演讲结束后才用
- 如果可能，使用诸如 PPT 这样专业的幻灯片
- 最重要的，视觉辅助主要用来支持演讲，而不能分散观众的注意力，或者代替演讲内容，甚至是影响演讲发挥

// 保持冷静，一鼓作气（Keep Calm and Speak On）//

终于进行到了这里，是时候准备把所有的东西全部组合在一起了。毫不惊讶，此时你可能有些不知所措，我们扔给了你大量的术语和理论，把大部分人头脑中既有的演讲技能全部推翻。需要领会的新东西太多了，或许你正在考虑休息一下，等到演讲那天再说。当然，我们不会责怪你，但我们建议你还是一鼓作气把它做完最好。

演讲不能靠死记硬背。演讲有很多灵活的部分，每一部分都需要微调之后才能与其他部分相连接。如同生活中的许多事情，对于公共演讲而言，整体效果总是大于部分相加的总和。

如果你决定推迟计划、准备和练习直到演讲前的最后一分钟，结果一定可想而知。另外，如果实际表现不如预期那样好，你可能会更加错误地认定自己就是个糟糕的演讲者。其实只是因为你没有尽最大努力投入更多的时间而已。

为了自己，努力做到更好。首先，请赶走内心的批评家。

内心的批评家可是个棘手的角色，他既能恶语相向，也能甜言蜜语，总之就是为了说服你尽量拖延时间。他可能会说：如果你现在就开始的话，压力太大了。他也会说得合情合理，甚至是恭维你，比如"你能很好地把握截止期限，所以等一等可能更好"，这就是要让你减慢速度；可当你拖到最后一分钟而精神崩溃时，他也同样会训斥你。只要内心的批评家在，就不可能赢得胜利。

好了，所有的问题都解决了，准备开始演讲吧！

关键点（Key Notes）

1. 第一步：尽可能多地找到与话题相关的、独特的、新颖的信息。

2. 第二步：把信息进行分类。

3. 第三步：构思演讲稿之前，按照重要性对每个类别进行排序。

4. 第四步：写下一个演讲标题，根据标题聚焦需要的信息。

5. 第五步：返回信息分类，删掉不适用的类别。

6. 第六步：写出演讲大纲，包括引言、正文和结论。

7. 第七步：练习，练习，再练习。

第十一章
Chapter　　**11**

Speak Easy: Tips for 7 Types of Speeches
轻松讲话：
演讲的七类小窍门

演讲的七种类型（7 Types of Speeches）

// 即兴演讲（Impromptu Speaking）//

不一定总有足够的时间做演讲准备或练习。实际上，也许只有几分钟甚至更少，这种情况下指的就是即兴演讲。如果有人跑过来跟你说"嘿，哥们儿，杰森被堵路上了，你可以做祝酒词吗？"或者说"我们忘了找人介绍区域经理，你能说几句吗？"这场景听起来像噩梦一般，多半由于你觉得"即兴演讲"就是不做任何准备的发言。即便是演讲专家，也不见得有什么现成的好办法。准备即兴演讲的过程可能杂乱无章，不停地在脑子里胡乱搜索各种能用的论点。但我们还是建议要好好准备，即使只有一分钟甚至更少的时间，只要能让自己镇静下来整理思绪总归是好的，此时要最大化地利用每一秒时间。听起来复杂，其实做起来挺简单，尤其是现在你已经知道了演讲的基本原则：神经紧张很自然，也是好事，而观众也不是敌人。遇到即兴演讲的场合，你需要做的就是镇定自我、评估处境、罗列想法、尽力而为。简言之，就是保持冷静。

镇定自我：承认并接受自己的焦虑，摆脱所有消极的自我对话。如果有时间，找一个安静的地方（甚至可以是厕所）做准备。

评估处境：聚焦眼前的任务，需要做什么？具体一些。例如，是要介绍一位重要的人？还是给退休的同事祝酒？要讲多长时间？观众是谁？

罗列想法：首先记下几个想法，在草稿纸上创建一个简单的大纲（引言、正文、结论），可以利用名片背面、纸巾，甚至是手机。想一个不错的开篇妙语、主要论点，还有结尾的压轴语！

尽力而为：没有时间害羞，可以的话，做一些"靠谱的热身"练习；或者根据需要，做"帽子戏法"的练习。练习一下你的仪式。

如果还有时间，大声练习，或者尽可能多地把脑子里的清单过几遍，之后站起来展示你的成果。

举个例子：

几年前，史蒂夫需要给纽约的观众介绍福克斯新闻的名人格雷琴·卡尔森。当时他有 10 分钟的准备时间。他即刻让自己镇静下来，首先，承认并接受自己的焦虑，接下来，他找了一个安静的地方——此时只能是一个储藏室了。虽然不怎么光亮，但至少可以让他有地方整理自己的思绪，当然要让主办方知道他在哪儿。他还设了手机定时器以便临近演讲时提醒他。接下来，他要开始评估处境了。他的任务是要给 400 人左右的观众介绍卡尔森，其中也包括她的家人和朋友。谈论这么一位多才多艺的女性，却只有最多一分钟的时间，简直太困难了。对台下观众来说，介绍卡尔森可不是念出一份令人印象深刻的名人简历，史蒂夫还要通过演讲展示出她的热情、真诚和情感。他了解关于她的一些职业和个人信息，例如，他知道卡尔森来自明尼苏达州，获得过美国小姐桂冠。她上过脱口秀节目"福克斯与朋友们"，现在在福克斯新闻频道主持自己的节目。利用这些信息，他快速记录下几个论点并列出了演讲大纲：引言、正文、结论。他用手机做了网上搜寻，以确保细节准确，之后对大纲进行填充。

以下是他清单的部分记录：

- 明尼苏达州——昵称"北方星之州"
- 1989 年的美国小姐
- 美国电视广播网哥伦比亚广播公司新闻，福克斯与朋友们，真实的故事
- 信仰很重要——观众中有她的亲朋好友

之后，他创建了一个简单的大纲：

引言
- 妙语
- 明尼苏达／美国小姐
- 过渡句

正文
- 广播生涯（美国电视广播网哥伦比亚广播公司，福克斯与朋友们，真实的故事
- 过渡句
- 作为普通人的格雷琴（信仰、家人、朋友）
- 过渡句

结论

掌声欢迎格雷琴·卡尔森

当他完成开篇妙语、结尾压轴语和过渡句之后，已经准备好演讲了。他可以大声练习几遍，伸展身体，转转脖子，做些靠谱的热身练习。他边写边念，当有人来储藏室叫他上场时，他已经把演讲稿背下来了。

以下是那天晚上史蒂夫做的介绍格雷琴·卡尔森的演讲：

她来自北方星之州，伟大的明尼苏达州。1989 年她取得了美国小姐桂冠，这不是她第一次也不是最后一次获此殊荣。

很快她进入了竞争激烈的广播新闻行业，先是加盟了美国电视广播网哥伦比亚广播公司，而后又成为了脱口秀节目"福克斯与朋友们"的常客。如今，她已经有了自己主持的电视节目，"和格雷琴·

卡尔森一起走进真实的故事"。

尽管取得了巨大的成功，这位明尼苏达的女儿从来没有忘记过自己的家乡，"真北"永远是她的信仰、家乡和朋友。女士们，先生们，下面掌声有请格雷琴·卡尔森女士。

无论即兴演讲是介绍某人（自我介绍），还是销售产品，都请保持镇静。除此之外，不要力求完美，我们也不推崇完美的演讲，而是讲求真实、富有热情。

// 简介致辞（Speech of Introduction）//

史蒂夫关于卡尔森的演讲是即兴演讲，同时也是简介致辞，这种类型的演讲通常比较简短，是为了欢迎某个知名人物，而往往知名人物随后还要做一个大型的演讲或演示。简介致辞时间一般为两分钟左右或者更短，以下是一些准备和练习的指导。

● 做调研。找到关于此人的所有信息，听听或者看看你能找到的所有访谈。试着弄清楚这些名人自我认可的最重要的成就。通过主持人或访谈者对他们的介绍，也能找到一些线索，看看他们的官方简历怎么说，以及他们如何回答访谈问题。如果不是与特定的场合和观众直接相关的信息，甚至是含糊不清的信息，请直接忽略。记住：这是向观众介绍演讲者，但同时你的致辞也要让演讲者精神振奋，充满自信。所以，这里需要同时满足观众和演讲者。

● 把简介致辞背下来。做介绍时阅读手稿或者提示卡片会非常令人扫兴。

● 知道怎么拼读演讲者的名字、职位，或者其他附属信息（比如学校或单位）。

● 不要只罗列成就。观众或许对演讲者已有一定的了解，不需要听你讲述他的履历，只突出让观众印象深刻或最有意思的成就。

● 如果有必要，简单告知观众演讲者要讲的内容，不要直接给出演讲的题目。

● 致辞和你完全没关系，所以不要把自己插进来，除非你和名人有私交，即使这样，简单告知观众就可以了。

● 试着连接演讲者和观众，即使最微小的连接也能筑起沟通的桥梁。

● 不要忘记邀请观众热烈欢迎演讲者。

// 获奖演说（Acceptance Speech）//

如果你被提名了一个奖项，或者提前知道要领奖，不要逃避获奖演说。有人认为准备演讲比较倒霉，这让获奖看起来也没那么幸运。这样的言论不过是吓唬人，而且对奖项以及颁奖人也缺乏起码的尊重。

女演员维奥拉·戴维斯 2015 年的艾美奖获奖演说是近来最棒的一次演说。很明显，她事先做过准备，这很明智。戴维斯清楚地知道，如果她获奖，将是历史性的一刻。当叫到她名字时，她就成为了历史上第一位因"剧情类最佳女主角"而获得艾美奖的非洲裔美国女性。

值得称赞的是，戴维斯并没有浪费这个场合去讲她的职业生涯或是胡乱搜索一个论点。相反，她利用这个千载难逢的机会，呼吁有色人种女性更好地发挥主导作用。此刻，这个舞台不再是闪耀个人星光的小舞台，而是变成了讨论好莱坞多样性发展的国家大平台。

数以千计的业内人士听了她的演讲，同时，演讲引起了数以百万计电视观众的共鸣。之后她的演讲又迅速传播开来，被更多的人看到。人们因她的演讲而感动，但又无法确切地说明原因，只感受到她的演讲真诚热情，充满诗意。作为公共演讲者，你可以看到一个简单的大纲：引言、正文和结论。当然还有开篇妙语（引自美国废奴主义者哈丽特·塔布曼）和结尾压轴语！总之，戴维斯做到了，你也可以。以下是准备获奖演说时要考虑的一些具体细节：

- 了解自己演讲的时间，做出相应的计划。如果获奖节目是直播，随着时间的推移，你肯定不愿意最后来不及讲完的话被现场的管弦乐所淹没。即使时间不是问题，你仍然希望能够给观众留下长久深刻的印象。
- 要联系自身，讲肺腑之言，告诉观众获奖对你意味着什么。

● 不要读纸上的笔记或提示卡上的内容，这会失去演讲的真实性。全程低着头可不是一个好的选择。

● 避免感谢一长串的人，这样会让你疏远场内的观众，除非你想感谢配偶、父母、老师、教练或者祖父母给你特殊的鼓励。

● 保持结构完整，不要跑题，不要让人后悔颁奖给你。

// 颁奖演说（Presentation Speech）//

除了领奖，你可能还有机会给人颁奖。这本身就是一件荣幸的事情，所以不要掉以轻心。显然，对于领奖人来说这是一件大事，也是他们未来几年都会铭记的重要时刻。你的演说要帮助他们创造一个积极的、持久的回忆。以下是准备颁奖演说时的一些建议。

- 记住你不仅仅代表自己，还代表设立奖项的主办方。因此不要等到最后一分钟才去准备和练习，你需要提前练习！

- 描述奖项内容以及它的意义。是以某人名字命名的奖项吗？是谁？为什么要设立这个奖项？是否还有其他名人接受过此奖项？如果有，你可能要给出几个例子。

- 清晰地解释为什么获奖者或单位能够赢得这个奖项？

- 必须知道如何读出获奖者的名字。

- 了解演讲的时间并做出相应的计划。去洗手间做热身练习，演讲不要迟到！

- 了解演讲场地。临近演说，规划好既定的路线，或者至少有人引导至演讲的地点。

- 站在领奖台或者颁奖的地方练习。了解房间、麦克风以及演讲词提示板（如果有）。领奖台是不是太高，你看不到下面？确保脚下有东西可踩。上台前最好确定观众只能看到你的头部。

- 如果可能，了解获奖者从哪个方向上台，获奖者会从房间哪个区域或者领奖台的哪一侧出现？有些夜间活动要在舞台上打聚光灯，这样会很刺眼。对此做好准备，不要把它想成问题或者是挑战。观众不知道你并不能看清楚每个人。表现专业一些，不要提出聚光灯的问题。

- 知道在哪里退场。获奖者演说结束后就站在你身边，准备好引导他们退场。在舞台上来回穿梭可不怎么样。

// 祝酒辞和耍笑庆祝会致辞（Toasts and Roasts）//

祝酒辞形象来讲就是举杯为某人庆祝，通常是庆祝诸如婚礼、纪念日或退休聚会。祝酒辞致敬的是某人的成就或人生里程碑，最好的方式是融幽默与真诚为一体。耍笑庆祝会致辞，像祝酒辞一样，也是致敬某人，但主要集中在幽默滑稽上，就像跟你喜欢的人开玩笑。你的目的是幽默风趣，体面而不俗气。以下是关于祝酒辞和耍笑庆祝会致辞的一些额外建议：

- 准备：做些调研并写下你的想法。

- 针对个人，但不要太局限于小范围。也就是说，想想大部分观众，避免讲一些可能只有几个人才懂的"内部玩笑"。

- 在线观看一些耍笑庆祝会致辞。我们喜欢老的脱口秀节目"迪恩·马丁名流吐槽大会"系列，他们聪慧机敏，令人捧腹，不像同时期的很多节目令人沮丧。记住，不是每个人都欣赏粗口，你必须考虑观众是谁。

- 列出一个描述被致敬者特质的清单，通常是性格特征。例如，这个人是不是"吝啬鬼"或者"太天真"？利用这些信息作为笑话的开始或者讲讲他们的趣事。

- 咨询别人获取建议。

- 在他人面前练习，并获取反馈，以此了解哪些有效，哪些无效。

- 关于耍笑庆祝会致辞：想法"有趣"，但行为认真。最大的原则：总是以积极的话语结尾，以此证明你真心地热爱或崇拜某人。

// 悼词或纪念演讲（Eulogy or Memorial Speeches）//

纪念服务或葬礼时要做悼词。虽然你和观众都很悲恸，但这是一个纪念生命而并非死亡的时刻，观众指望你带领他们面对自己失去亲人的损失。因此集中精力做好自己的事情，并且掌控时局显得非常重要。这样的场合需要控制情绪，因此计划和练习至关重要。准备悼词时要铭记的几件事情：

- 与你无关。有太多的悼词通篇都在说致辞者！请不要这样做。
- 致敬直系亲属，他们是最受影响的人。
- 讲滑稽或者凄美的故事，能够突出死者的特殊气质。
- 记下演讲词或者即兴演讲。
- 尽量简短。多数情况下还有其他人要发言，所以请尊重他们也尊重观众。

// 毕业演讲（Commencement Speech）//

无论你是受邀的毕业演讲嘉宾还是演讲的学生，毕业演讲一般有两种类型：老生常谈或新颖独特。人们很少能够记住老生常谈的演讲，而新颖独特的讲话总能在未来的几年内给毕业生以鼓励。考虑好你需要哪种类型的演讲。假定是一个新颖独特的毕业演讲，那就要避免陈词滥调以及演讲中常见的旅行推荐。毕业生至少会收到上千份"一生中要去的地方"这样的广告宣传，他们不需要在演讲里再次听到！例如，我们都喜爱苏斯博士，但他新颖独特、富有创意的文学作品并不属于毕业演讲。以下是一些小贴士：

● 致敬现场尊贵的嘉宾、教师以及其他演讲者，然后致敬毕业生。这是罕见的一个不需要以妙语开篇的演讲，这类演讲的传统是要跟杰出人物打招呼。

● 演讲是要对毕业生讲话而不是念稿。华丽的辞藻和冗长的学术词语让学生对演讲毫无兴趣。虽然台下也有亲人、朋友和老师，但演讲不是针对他们而做的。

● 坐在台下的学生既不是来听讲座的，更不是来听你讲话的。他们即将毕业，即将离开好朋友和熟悉了几年的生活场所，即将面对一个不确定的未来。他们心里害怕，你的任务就是鼓励他们，分享一些好笑的事情，给他们指引正确的方向。所有的讲话都要积极乐观。即便世界即将分崩离析，但现在也不适合跟他们讲，除非涉及他们的未来之路。

● 引入个人经历。用一到两个故事描述你如何度过一段艰难岁月或者毕业时如何面对未来的不确定。

● 不要为了逗笑而讲粗鲁的话语。聪明的演讲者不会借助于这样的幽默，或许你未来的雇主此时就坐在台下。

● 不要讲太长时间。提前知晓演讲时间并严格遵守。众所周知，毕业典礼时间都很长，不要造成不必要的拖延。毕业生、朋友和亲人之后还会去别的地方，不要耽误大家的时间。

// 观察与学习（Watch and Learn）//

如果要提高演讲技能，除了身体力行，还可以通过观看并学习其他人的演讲来改进自己，这也是一条最有价值的途径。过去你可能更多的只是被动收听的普通听众，除非演讲内容与你息息相关，例如可能是你关心的事业，或者演讲人是你的好朋友或好姐妹。听着听着，你的意识开始分散，演讲沦为了你思绪的背景音。演讲结束，若做一番简单的自我询问：这个演讲给你带来娱乐了吗？答案无非"是的""没有"或者"可能"这几种。无论答案是什么，你都不会过多关注演讲者的讲话风格，毕竟，为什么要关心他们的风格呢？

现在你需要提高自己的演讲技能，因此要从被动收听转变为主动倾听。"主动倾听"是为了获取信息而带有目的地听，要从演讲内容中寻求你需要的信息。更重要的是，如果你想成为优秀的演讲者，就要特别留意本书中学到的所有内容，包括情境、观众、发挥、组织、故事叙述甚至是着装。

积极的听众，通过倾听别人的演讲，可以获得有价值的信息，例如哪些技巧对演讲者奏效，哪些没那么有效，为什么会这样。最终，这些信息有助于指导你形成自己的讲话风格。说到"自己的讲话风格"，我们是认真的。模仿其他演讲者始终都不应该是你的最终目标。尽管如此，我们还是会鼓励你尝试体验不同演讲者的演讲方式，但要记住特定方式对某些人适用，但在其他人身上可能看起来很愚蠢。

主动倾听别人演讲时，可以把自己的观察记录在一个小本上，尤其注意你认为在演讲者身上特别奏效或无效的演讲风格和模式。现在读了这本书，你已经熟悉了不同的准备和发挥方式，下面这些关于演讲发挥和个人风格方面的要素，可能会是你想留意或记录的：

- 演讲者使用妙语了吗？如果有，是什么？
- 他 / 她的语速如何？他们讲得太快还是太慢？

- 演讲者和观众有目光接触吗？
- 你全程都能很清晰地听到演讲者讲话吗？
- 演讲者的姿势如何？他是无精打采还是坐立不安？
- 演讲者讲故事了吗？如果是，有效果吗？
- 演讲者运用幽默了吗？如果是，有效吗？为什么？
- 演讲者穿着是否合适？
- 演讲者的穿着是否让人分心？
- 演讲者是否因为观众的欢笑或其他反应中途停下？
- 你是否被演讲者的某些姿势或身体语言干扰？
- 演讲者使用视觉辅助工具了吗？如果使用了，有效吗？
- 如果场景允许，演讲者微笑了吗？
- 演讲者是否记住了他的演讲内容？如果没有，他用提示卡片了吗？
- 你认为演讲者是在跟你分享还是在念稿？
- 演讲者讲了多久？时间是否太长或太短了？
- 演讲者中途是否出现了"迷茫期"？如果有，他怎么处理的？
- 演讲者是否能正确拼出所有的字？
- 观众是否参与了演讲？如果是，什么时候他们的参与程度最高？
- 演讲过程中是否有人出入？如果是，演讲者是如何处理的？
- 演讲结尾是否有压轴语？
- 演讲者看起来做过准备吗？为什么？
- 你认为演讲者做了足够的练习吗？为什么？
- 演讲结束后，你觉得演讲者和他的演讲内容如何？

// 演讲活动一览（Event Horizon）//

找到不错的公共演讲者看起来有些困难，但实际上很简单。以下是几个可靠的地方，可以听到不同能力不同层次的演讲者的演讲。

● 公共图书馆：查看当地的图书馆，大多数网站都会在网上列出不同类型演讲者（当然也包括本书作者）的日程表，这些都是免费的。

● 学校：如果你住在大学附近，学校里总会有教授、管理人员或访问学者做的演讲。根据院系不同，通常有几种不同的"演讲者系列"。这些不只针对学生，事实上，很多都对公众免费开放，或仅仅收取少量费用。

● 书店：独立或连锁书店会不定期预约演讲者。这些包括国家公认的演讲者或做阅读和签约的当地作者。

● 礼拜场所：演讲不仅仅在周六日进行，许多礼拜场所的日常活动也会邀请演讲者。查看一下当地教堂、犹太教堂或清真寺，以获取更多信息。

● 辩论会（演讲与辩论）：全国的高中和大学几乎每个周末都会在一系列的个人演讲和辩论活动中进行对决。个人活动包括三种：站台演讲（有时叫公开演讲），限定准备活动和文学作品演绎。在站台演讲中，讲话者通常有 10 分钟时间就个人选定的话题进行阐述。学生会背诵他们的演讲，同时评判员（通常是老师或教授）进行评论。限定准备活动往往令人紧张。限定准备活动中（即兴演讲），学生有指定的话题（例如国内或对外政策），有限的准备时间，之后就话题向评判员进行演讲。在文学作品演绎中，学生有 10 分钟的时间给评判员演绎一首诗歌、一篇散文或是戏剧节目。这也是背诵节目，不过他们可以使用提示笔记或拿一小块写有背诵文字的小黑板。你一定会被学生们的才华所震惊！联系一下当地的学校，看看他们是否有演讲节目。查询你所在区域的比赛，这些比赛是对公众免费开放的。辩论会团体会热烈欢迎到访的来客。只是观看学生演讲时要遵循几条协议，最大的一条就是学生讲话时请不要来回走动。

// 线上援助（Screen Saver）//

还有一个方法可以足不出户地观看和学习其他演讲者。感谢互联网，只要轻轻一点，就可以在网上观看各种令人赞叹的演讲。在线学习的妙处还在于可以重复观看。因此，这种情况下，我们建议你先把自己当成普通观众来看第一遍；看完以后，问问自己对演讲者和演讲内容感觉如何。之后再看一遍，这次，就要充当主动倾听者了，要敏锐一些。我们相信你一定会找到一些很棒的演讲，但为了更好地帮助你，我们集中了一些自己喜爱的演讲供你参考学习。我们特意混合了几种不同风格的演讲，包括来自世界各地的娱乐、体育、政治领域的演讲者，有些人甚至被认为是过去100年来最伟大的演讲者。如果你对内容没兴趣也没关系，这项活动的目的在于评估演讲发挥和讲话风格，请参考《观察和学习》小节中列出的几大评估要素。

演讲者	演讲
维奥拉·戴维斯 （Viola Davis）	2015年艾美奖获奖演说 Acceptance Speech, 2015 Primetime Emmy Awards
斯蒂芬妮·雪莉夫人 （Dame Stephanie Shirley）	TED演讲："为什么有事业雄心的女性头顶都是平的？"2015年8月3日 TED Talk: "Why Do Ambitious Women Have Flat Heads?" August 3, 2015
参议员伊丽莎白·沃伦 （Senator Elizabeth Warren）	关于美国参议院削减计划生育开支的演讲，2015 Addressing U.S. Senate on Defunding Planned Parenthood, 2015
丽塔·皮尔逊博士 （Dr. Rita Pierson）	TED演讲："每个孩子都需要一个守护者"，2013 TED Talk: "Every Kid Needs a Champion", 2013
众议员莫琳·沃尔什 （Representative Maureen Walsh）	致华盛顿州立法者关于同性恋婚姻的演说，2012 Address to Washington State Lawmakers on Gay Marriage, 2012

前国务卿康多莉扎·赖斯 （Former Secretary of State Condoleezza Rice）	2012 年共和党全国代表大会主旨演讲 Keynote Address, 2012 Republican National Convention
艾伦·德詹尼丝 （Ellen DeGeneres）	杜兰大学毕业演说，2009 Commencement Address, 2009, Tulane University
马丁·辛 （Martin Shee）	圣母院的斋戒日奖章（Notre Dame's Laetare Medal）获奖演说，2008 Acceptance Speech, Notre Dame's Laetare Medal, 2008
兰迪·波许博士 （Dr. Randy Pausch）	童年的梦想，一生的追求，2007 Really Achieving Your Childhood Dreams, 2007
迪克西·卡特 （Dixie Carter）	救世军卜婉懿奖（Evangeline Booth Award）获奖演说，2007 Acceptance Speech, Evangeline Booth Award; The Salvation Army, 2007
玛雅·安吉罗博士 （Dr. Maya Angelou）	科丽塔·斯科特·金追悼会上的讲话，2006 Remarks at the Memorial Service for Coretta Scott King, 2006
史蒂夫·乔布斯 （Steve Jobs）	斯坦福大学毕业演说，2005 Commencement Address, 2005, Stanford University
杰米·福克斯 （Jamie Foxx）	2005 年奥斯卡获奖演说 Acceptance Speech, 2005, Academy Awards
参议员丹尼尔·井上 （Senator Daniel Inouye）	美洲印第安人国家博物馆的开馆演讲，2004 Opening the National Museum of the American Indian, 2004
前总统巴拉克·奥巴马 President Barack Obama	2004 年民主党全国代表大会主旨演讲 Keynote Address, 2004 Democratic National Convention
参议员罗伯特·C. 伯德 （Senator Robert C. Byrd）	权力的气焰，2003 Arrogance of Power, 2003

哈莉·贝瑞 （Halle Berry）	2002 年奥斯卡获奖演说 Acceptance Speech, 2002 Academy Awards
前总统比尔·克林顿 （President Bill Clinton）	2001 年总统离任演说 Farewell Address to the Nation, 2001
吉姆·瓦尔瓦诺 （Jim Valvano）	1993 年年度最佳运动员（ESPY）奖获奖演说 Acceptance Speech, 1993 ESPY Award
州长安·理查兹 （Governor Ann Rich-ards）	1988 年民主党全国代表大会主旨演讲 Keynote Address, 1988 Democratic National Convention
前总统罗纳德·里根 （President Ronald Reagan）	总统办公室关于"挑战者号"航天灾难的演说，1986 Oval Office Address on the Challenger Disaster, 1986
尊敬的杰西·杰克逊 （Rev. Jesse Jackson）	1984 年民主党全国代表大会主旨演讲 Keynote Address, 1984 Democratic National Convention
女众议员芭芭拉·乔丹 （Congresswoman Barbara Jordan）	关于弹劾条款的声明，1974 Statement on the Articles of Impeachment, 1974
马丁·路德·金博士 （Dr. Martin Luther King, Jr.）	我有一个梦想，1963 I Have a Dream，1963
总统约翰·F. 肯尼迪 （President John F. Kennedy）	总统就职演说，1963 "Ask Not", Inaugural Address, 1961
温斯顿·丘吉尔先生 （Sir Winston Chur-chill）	我们将在海滩上战斗，1940 We Shall Fight on the Beaches, 1940
卢·格里格 （Lou Gehrig）	最幸运的人，1939 Luckiest Man，1939

// 群组交谈（Group Talk）//

观看伟大的演说家演讲的同时，提升自己最好的方式莫过于练习。幸运的是，有专门的机构能够帮助你。以下是一个机构列表，可以在有利的环境下帮助你发展提升演讲技能。查看一下，找到一个最适合自己的地方。

国际演讲协会（Toastmasters International）：一个非营利组织，旨在通过练习与反馈帮助他人发展公共演讲能力和领导力。每个城市几乎都有一个。

成人进修课程（Adult Extension Courses）：大多数大学在各个领域都有专为成年人量身定制的课程。找到演讲交际、演说、公共演讲或口头交际相关的课程来帮助提升自己的技巧。

聚会（meetup）：2002年成立的一个在线社交门户网站，在全球各地就各种话题提供面对面的群组会议。人们可以注册并参加已经组织好的会议，也可以发起自己的主题会议，在聚会网站上发布。你可能会在自己所在的区域内找到现有的公共演讲聚会网站，或者也可以开始创建一个自己的网站。

/ 附录 /
A p p e n d i x

————

演讲剖析
Anatomy of a Speech

　　人们经常会问我们最喜欢的演讲者是谁，我们认为他们的讲演如何。回答这个问题，其实也容易。困难是因为演讲者的风格和内容千差万别，精彩的演讲就等同于令人敬仰和效果显著吗？例如，一个常被人们问起的问题就是阿道夫·希特勒是好的演讲者吗？嗯，按理说他是。一方面，"一战"战败后，德国人普遍感到焦虑和沮丧，希特勒用言语和精力充沛的演说煽动起他的国民投入到"二战"的战场。另一方面，希特勒又利用演讲技能达到了他卑鄙的不可告人的目的。所以评估会很微妙。

　　话虽这么说，我们确实有一直以来都喜欢的演讲，例如安·理查兹在 1988 年民主党全国代表大会上的演讲。最近的话，参议员伊丽莎白·沃伦在美国参议院的讲台上也发表了一篇经典的演说。为什么这些演讲让我们印象深刻？在本节中，我们将进行讲述。顺便说一句，两位女性演讲者在学校时都是辩论队的辩手呢。

州长安·理查兹
美国佐治亚州亚特兰大
1988 年 7 月 19 日

安·理查兹在 1988 年民主党全国代表大会上做了一篇振奋人心的主旨演讲，由此迅速登上美国国家政治舞台。当时，安在家乡得克萨斯州担任财政部长一职，除了得州，她并不为人所知。但在亚特兰大一个七月的晚上，这位 54 岁、头发花白而充满智慧的得州人登上演讲台，吸引了整个美国的目光。接下来，她将担任得州第 45 届州长。那晚在民主党全国代表大会上的演讲经常被列为现代最伟大的演讲之一。我们也认为是最好的一个。简单来说，这是一场精心准备的演讲，充满热情以及浓浓的南方家乡魅力，令人回味无穷。

理查兹登上舞台时，台下全国各地的 4000 多名代表中只有少数人知道她。和其他代表一样，她也是民主党，这可能是她跟别人唯一相同的地方了。如何跟这么多来自不同地方的代表建立连接？在 60 秒的时间内，她迅速与现场超过一半的人建立了个人连接，她的这个开场介绍太了不起了！让我们来仔细看看：

谢谢！谢谢！非常感谢大家！

女士们，先生们，朋友们，大家晚上好！（英语和西班牙语同时问候）

她第二句问候说了西班牙语。如果你讲西班牙语，听到问候时，耳朵一定会活跃起来。你可能会想："嘿，这个女人在讲我的语言，听听她准备讲什么。"

很高兴今晚可以和大家相聚。听了好几年乔治·布什的讲话之后，我估计你们都想知道什么才是真正的德州腔调。

通过突出她的得州腔调，她此刻正同坐在台下的南方人讲话，同时这也是对乔治·赫伯特·沃克·布什的攻击。布什在马萨诸塞州出生，在康涅狄格州长大，并非得州本土人。

十二年前，芭芭拉·乔丹——另外一名得州女性，也在大会做了主旨演讲。160年中出现了两位女性做主旨演讲，也是意料之中的。

芭芭拉·乔丹，本身也是一位令人敬畏的演讲者，她是一位非裔美国女性。理查兹巧妙地把非裔美国人和女性这两个群体带入了她的讲话。

只要有机会，我们一定会让你惊艳。别忘了，金格尔·罗杰斯（好莱坞20世纪最伟大的电影女明星之一）可是弗雷德·阿斯泰尔（被选为美国百年来最伟大的男演员）表演的最佳搭档，而且罗杰斯是穿着高跟鞋完成了所有表演。

理查兹这里指明经过多年的证明，女性其实更有能力，只是女性的成就有时往往被忽视。

我想对这个国家宣布，再有100多天，里根——米斯——迪弗－诺夫齐格——波因德克斯特——诺斯——温伯格——瓦特——戈萨奇——斯托克曼——黑格——博克——诺列加——乔治·布什（的时代）就要结束了！

这些都是当时的主要政界名人，他们被民主党认为是布什政府的失败。理查兹获得了全场的掌声。

知道吗，今天晚上感觉有点像8年级时打篮球的样子。我觉得自己穿制服确实很可爱。然后我听到一个男孩从看台大喊："投篮得分啊，小细腿。"而我最担心的是今晚那个男人会从观众席里冲出来揭穿我的底细。因为我长大的那个地方确实没有给自尊太多的宽容，人人都装腔作势。

通过讲述这个故事，理查兹表现了她的脆弱，也让她更加有亲和力，更容易接近。这个故事也巧妙地过渡到了谈论得克萨斯小镇的生活以及伴随她成长的价值观。

大萧条时期，我出生在韦科市外的一个小社区，从小听着收音机里富兰克林·罗斯福的声音长大。也就在当时，我才明白是微小的真理和艰难的生活让邻居们紧紧靠在一起。他们都有着现实的困难，真正梦想着能够走出大萧条。我还记得夏日的晚上，当放下浸礼会的托盘时，我们会开始听大人讲话。我仍然能听到爸爸找到的大理石板桌面上多米诺骨牌倒下的声音。

我们知道，故事通常很有效。理查兹讲了这个故事，把我们放到了当时的环境下，勾起了我们想要一个简单时代的美好愿望。多米诺骨牌的声音又增加了听觉元素，增强了故事的感官多样性。她还提到了罗斯福，他是美国的政界偶像，一位领导美国走出大萧条的民主党人。

我还能听到讲笑话的男人发出的阵阵笑声，笑话本不应该是我们听到的。他在说那只雄鹿有多大，还在笑妈妈在青蛙跳进井里后，把高乐士也丢了进去。

他们谈论着战争和华盛顿以及国家需要什么。他们诚实的交谈，尽自己所能把生活过好。今晚我们也要这样，我们来讲讲奶牛吃白菜的故事。

奶牛吃白菜这句俗语很好地帮她过渡到了自己的主要论点。可能你不知道什么意思，但当时台下的观众知道，这样继续增加了她的亲和力以及与观众的连接。

上周我收到一封来自得州洛雷娜的一位年轻母亲的来信，我想跟你们分享其中一部分。她写道：

"从这个月的发薪日到下个月的发薪日，我们跟其他数百万人一样，一直在担忧。我们家庭有两份不错的收入，但我还是担心如何支付一直增长的汽车保险和食物的费用。我祈祷从 8 月到 12 月孩子不要长得太快，这样就可以不必总买新牛仔服。我们在廉价商店买衣服，洗第一水时已经磨损，褪色并且失去了弹性。我们思考和揣摩怎么支付上大学、买背带和网球鞋的费用。我们不休假，也不出去吃饭。请不要指责我们不知道感恩，很感激我们有工作还有舒服的居住空间，我们也很健康。我们就是你日日在杂货店里见到的人，我们遵纪守法，我们依法纳税，节假日手里家里都飞扬美国国旗，我们共同努力，给自己、孩子和父母创造更好的生活。我们不想再说了，我想可能是累了。可能像我们这样的人在美国已经被遗忘了。"

理查兹给观众阅读了这篇看似真实的信件，增加了演讲的真实性。然而，很明显她背下了这段文章，只是偶尔才会看一眼。描述一个普通家庭的挣扎比任何统计数据都要有力，人性化地讲述了有工作的穷人的实际生活条件。

当然你认为自己被遗忘了，因为曾经你确实被遗忘过。

她返回来接着读信件，但却是说给观众听的。这是一个很棒的修辞策略，因为它把讨论带回了此时此地。

这个共和党的政府对待我们就像看待无法完成的拼图一般。

理查兹用了拼图的类比，把她的观点直观轻易地呈现给了观众。

他们也曾试着把我们塞进高层公寓，让大家彼此分离。他们的政治理论是"分类解决"。

他们一次次告诉我们，这一群美国人要求的利益对别人都不适用。我们被隔离了，被圈进了一个叫作"特定利益"的令人沮丧的词里面。

她提出了自己的论点，即"我们被政府作为特殊利益群体利用了"，之后她展开了几个例子来说明"他们"最终是如何对付"我们"的。

他们说农民自私自利。说如果农民要求政府代表家庭农场出面干预的话，会推动食品价格上涨。而我们最后看到的是一边因农产品价格低廉，农场被迫拍卖，一边美国又从外国进口食品。

好吧，这简直不能再错了！

他们说职场妈妈也有错误——她们要返回工作，要赚钱来支付孩子们买衣服、买网球鞋和上大学的费用，如此一来，她们的家庭又即将面临分崩离析。他们又错了！

下一节中，理查兹在每一个例子结尾后使用了"错了"，随着演讲的进行，她使得这个词语更加铿锵有力，掷地有声。

他们说美国劳工正在试图破坏自由企业，因为他们要求工厂关闭前60天提出通知。他们错了！他们告诉汽车、钢铁、木材以及石油行业，由于大批外国产品如潮水般涌进美国，他们的公司正在遭受着威胁，如果你认为政府应该加强贸易法律的话，你就是"贸易保护主义者"。他们也错了。当我们要求清洁的空气和水源，试图拯救大海和臭氧层时，他们贬低我们，他们又错了。

难怪我们感到被隔离，而且备感迷茫。我们想要答案，可他们给出的答案就是"你脑子出毛病了"。

事实上我们一点问题都没有。

你什么问题都没有，11月美国总统大选前你的问题不会解决。

理查兹巧妙地把消极面转化成了积极面。

他们告诉我们美国南方、西南方的利益跟北方、东北方的利益不一样，他们用一个群体去压制另一个群体。他们分裂了这个国家，我们是如此孤立，我们觉得政府肯定不会帮助我们，我们觉得前所未有的孤单，觉得被遗忘。事实上，我们不是他们遗落的一块拼图，我们是一个国家，我们是美利坚合众国。

现在我们民主党人认为美国仍然给大家公平竞争的舞台，我们可以来自小城镇，出身贫困的家庭，但与他人拥有同等的机会。无论我们是黑人、西班牙裔美国人还是残疾人或者妇女，都应该赢得同样的机会。我们相信在美国，小企业主一定会成功，因为他们是国家的脊梁，经济的支柱。

美国社会最大的一个理想便是公平竞争和平等。理查兹利用它作为演讲的优势论点，同时也暗示了之前在过去的时代环境下成长的故事。

我们认为孩子们理应得到好的照料和上好的学校。我们认为在这样的学校里，孩子们可以开心学习，老师们能够尽心教课。我们想相信自己的父母有舒心的退休条件，我们也有不错的退休待遇。我们民主党人认为社会保险是一个不能被打破的约定。

我们想相信自己有精彩的生活，不会害怕因为生病而致使家庭破产。我们民主党人相信美国能够战胜任何困难，包括可怕的艾滋病。我们相信美国仍然是一个生活充满乐趣、充满期待的国家，而不是给大家提供持续辛苦赚钱养家的生活。我们相信一定会有这样一位领袖，为我们证明我们的奋斗和付出值得更大的回报，让我们实现自己的梦想。

理查兹指出了当时美国人正面临的几大问题，某种程度上这些问题现在依然存在。

我们想要杰西·杰克逊这样的领袖。杰西·杰克逊是一位领袖，同时也是一位导师，他能够打开我们的心扉，唤醒我们的灵魂。他教导我们，每个人都有美好的心灵，都有关心和爱的能力，我们会关心毒品问题，关心犯罪问题，关心教育，关心彼此。

令人敬仰的杰西·杰克逊是非裔美国人，著名的民权领袖，通过谈及杰西以及他的贡献，理查兹轻松地处理了种族问题。

现在，相反的是，在过去8年里，这个伟大的自由国度的领导却一直以头顶上飞过的直升机噪声为由，假装听不见我们的问题。我们知道他就是不想回答。不过我们还有很多问题。我们的问题或调查得到的唯一答案永远是"我不知道"或者"我忘了"。

这部分提到了很多民主党人一直以来对布什政府逃避直接问题的感受。这里的笑点是总统登上直升机之前面对记者对他的提问，他把手放在耳朵上，示意貌似因为直升机的噪声而听不到问题。

如果是孩子这样回答问题，你一定不会接受，我也不会接受。不要说你"不知道"或者"忘了"。直到有一天我们选出了讲真话的领袖，才能实现我们的梦想。不是大部分时间讲真话，是天天说真话。这样的领袖，即便是不想记得的事情，也不会忘记。在过去8年里，乔治·布什对我们关心的问题，没有表现出丝毫的兴趣。现在，他正在追求一份自己并不能胜任的工作。他就像哥伦布发现美洲大陆一样，他发现了儿童保育的问题，发现了教育的问题。可怜的乔治，对于解决问题，他帮不上任何忙。他家境富裕，他不会了解更无法解决这些问题。

最后两句话构成了她演讲对布什政府的致命一击，实际上，在她的整个职业生涯中，人们一直记得她的这两句话。最后一句有两个目的：布什很容易说错话或者根本不会讲话；另外他生在富裕家庭，无法和普通劳动人民建立真正的连接。

好吧。难怪，难怪我们搞不清楚是怎么回事。因为这个国家的领导在电视上说一套，实际上实施着另外一套完全不同的做法。

他们告诉我们国家的就业率很高，人人都有平等的就业机会。而我们知道一个家庭必须有两份收入，否则生活真是捉襟见肘，而以前一份就足够维持生活。他们引以为傲的一个机会竟是那些低收入没有前途的工作。在美国各个城市随处可见无家可归的人坐在停车场，手里举着牌子，牌子上写着"用工作换食物"。

朋友们，现在，我们已经到了美国历史上的关键时刻，在这届政府的领导下，我们贡献了宝贵的资源，把国家变成了一个军事巨人，可是我们的经济防线却崩溃失修。国家债台高筑，史无前例。这届政府过去8年的债务甚至比我们在世界大战时欠下的还要多。就像你姐夫开了一辆招摇的新车，但总是找你借钱买单。

让我们看看他们最骄傲的地方——国防。我们民主党人致力于强大的美国，很坦率地说，当我们的领袖说"我们需要新的武器系统"时，我们倾向于告诉自己"他们一定是对的"。造价数十亿美元的飞机不能飞，数十亿美元的坦克不会开火，数十亿美元的系统不能运行。连韦科这样的小城镇都知道，五角大楼借此让骗子大发横财，可并没有像他们承诺的那样令美国强大，这简直是一场烂透了的交易。

理查兹指出了一系列民主党人认为共和党政府的错误行为，唤起自己家乡小城韦科人的意识，韦科其实代表了美国的每一个小城镇。

现在我要告诉你们，真的很高兴我们的年轻人不需要经历大萧条和世界大战。同时让我感到遗憾的是你们也错过了我所知道的领袖，他们告诉我们时代的艰难，我们不得不做出牺牲，但困难都是暂时的。他们不会告诉我们时代艰难是因为我们不一样，或者彼此隔离，或者有特定的利益诉求。他们把我们聚集在一起，灌输国家的概念。他们为我们设立了社会保险，告诉我们说建立了一个系统，我们可以自己付钱，退休时，可以把之前付的钱取出来。他们告诉乡村的人们说我们理应使用电灯，他们会利用必要的能源给我们供电，这样我的老祖母就不用提着那只破旧的煤油灯到处走了。他们告诉我们说，如果我们把钱存在银行，他们保证钱一定会存在那里。他们没有欺骗我们。

我认为民主党的一个可取之处是我们很坦诚，我们讲真话，我们会直接告诉人们自己的想法。这些传统和价值观仍然存在于马萨诸塞州的迈克尔·杜卡基斯身上。

理查兹为我们的困境找到了解决办法：民主党候选人，迈克尔·杜卡基斯。

迈克尔·杜卡基斯知道这个国家正站在一个伟大时代的边缘，我们不害怕改变。我们要寻求深思熟虑、真切坦诚和强大有力的领导。在平静的外表下有一颗炽热的心，他已经迫不及待地想要把这个国家团结起来，大家一起推动未来。他有美国人的特性，坚韧而慷慨。就个人而言，我从来没有见到过像他这样的人，他能够深切感受到生命中最重要的是什么。

还有我多年的朋友兼老师，参议员劳埃德·本特森，同时作为德州人和民主党人，他非常了解美国。他了解城镇中西班牙语居民聚居的贫民区，也了解上层高级的会议场所。他知道如何使我们走到一起，通过宗教、经济让我们聚集在一起。他已经打败过布什一次。

从贫民区到会议室很好地使用了头韵（指两个单词或两个单词以上的首字母相同，形成悦耳的读音）修辞。

因此，归根结底，这场选举之争是一场比赛，比赛双方分别是满足现状的一方和相信我们能够做得更好的一方。这就是这场选举所有的意义，它有关美国梦，是满足于少数人的需求，还能滋养这个梦让它传承下去。

理查兹清晰地描绘了民主党的两位候选人。

目前我已经是当祖母的人了，我的孙女莉莉近乎完美。当我抱起小孙女时，我感受到生命的延续得以让我们连接，让代际得以传承。有时我把浸礼会托盘散在地上，莉莉和我玩来回滚球的游戏时，我会想到像我们一样的所有家庭，以及美国所有养育孩子的家庭。我看着莉莉，开始明白我们在家庭中学会了两件事情：尊重个人以及共同努力打造更好的生活。我们的家庭，我们的国家也是这样。

她用到了短语"浸礼会托盘"，在之前韦科郊外长大的故事也提到过，这引发了我们之前所感受到的情绪。

理查兹没有说她花时间和孙女莉莉待在一起，也没有说她跟莉莉讲话，她创建了一个引人注目的视觉场景，就是和孙女来回滚球。这同时也是一个把事业（球）传给下一代的隐喻。

最后，她谈到了德州洛雷娜这位年轻的写信人，让她成为每天挣扎的众多美国人的代表。

我坐在这里，不知道她是否了解我生活中经历过的变化；不知道她是否相信曾经黑人不能坐在公共喷泉边喝水，曾经西班牙裔的孩子在学校里因为说西班牙语被惩罚，曾经妇女没有投票权。

这里，理查兹谈起了记忆中的过去：那些讲西班牙语的人、那些非洲裔美国人，以及女性力量，以此吸引现场观众。

我想起了所有自己参与的权利运动，以及不得已接受的妥协。我想起了是因为一次次小的胜利才换来了全国性的大胜利，想起了所有那些梦想中永远不会发生的事情，想起了如果我们没有思考，没有斗争并一起赢得胜利，有些人很有可能早已被遗忘。我会告诉莉莉这些胜利都是民主党的胜利。

她强调了民主党人获取的最伟大的胜利，并回忆起了失败的苦涩。

我多想告诉莉莉，我们，你和我，如何走到今天；随着球滚来滚去，我想告诉她是否知道自己是多么幸运，尽管我们各不相同，但美国仍然是世界上最伟大的国家。我们的力量蕴藏在广大的民众之中，他们是每天辛勤工作的普通男女，他们努力平衡工作与家庭，他们永远不应被遗忘。

她没有把和孙女玩的球丢下，而是又谈到了它。有人可能已经忘记这个"球"了，她还是继续把球作为隐喻。

我只希望像她的祖父母以及曾祖父母一样，莉莉未来在养育自己的孩子时，回响在美国每家每户的承诺依然存在：我们可以做得更好，这就是大选的所有意义。

理查兹的结尾与个人紧密关联，同时也与演讲有极大的相关性。她的最后一句为整个演讲做了很好的概括。

非常感谢各位！

图书在版编目（CIP）数据

超级演讲术 /（美）史蒂夫·罗尔,（美）雪莉·因佩利泽里著 ; 李晓燕译 . — 武汉 : 武汉大学出版社，2018.1（2018.3 重印）
ISBN 978-7-307-19737-4

Ⅰ. 超⋯　Ⅱ. ① 史⋯　② 雪⋯　③ 李⋯　Ⅲ. 演讲学　Ⅳ.H019

中国版本图书馆 CIP 数据核字 (2017) 第 236637 号

Scared Speechless © 2016 by Steve Rohr and Dr. Shirley Impellizzeri.
Original English language edition published by The Career Press, Inc., 12 Parish Drive, Wayne, NJ 07470, U.S.A.
All rights reserved.

本书简体中文版权通过凯琳国际文化版权代理引进（www.ca-Link.com）。

责任编辑：黄朝昉　孟令玲　责任校对：邹攀峰　版式设计：苗薇

出版发行：**武汉大学出版社**（430072　武昌　珞珈山）

（电子邮件：cbs22@whu.edu.cn 网址：www.wdp.com.cn）

印刷：三河市京兰印务有限公司

开本：880 × 1230　1/32　　印张：7　　字数：170 千字

版次：2018 年 1 月第 1 版　2018 年 3 月第 2 次印刷

ISBN 978-7-307-19737-4　　定价：39.80 元